终身创造力

YOUR CREATIVE MIND

[美] 斯科特 · 科克伦（Scott Cochrane）◎著

杨 莹◎译

江苏凤凰文艺出版社
JIANGSU PHOENIX LITERATURE AND ART PUBLISHING LTD

图书在版编目（CIP）数据

终身创造力 /（美）斯科特·科克伦 (Scott Cochrane) 著；
杨莹译 . -- 南京：江苏凤凰文艺出版社，2019.4
书名原文：Your Creative Mind
ISBN 978-7-5594-3581-1

Ⅰ．①终… Ⅱ．①斯… ②杨… Ⅲ．①企业创新 - 研究
Ⅳ．① F273.1

中国版本图书馆 CIP 数据核字 (2019) 第 064128 号

终身创造力

[美] 斯科特·科克伦（Scott Cochrane）著 杨 莹 译

责任编辑	唐 婧 黄孝阳
装帧设计	末末美书
责任印制	刘 巍
出版发行	江苏凤凰文艺出版社
	南京市中央路 165 号，邮编：210009
网 址	http;//www.jswenyi.com
印 刷	唐山富达印务有限公司
开 本	880 × 1230 毫米 1/32
印 张	6.5
字 数	160 千字
版 次	2019 年 4 月第 1 版 2019 年 5 月第 1 次印刷
书 号	ISBN 978-7-5594-3581-1
定 价	45.00 元

序言：创造力思维

我们都曾读到过那些富有传奇色彩的创造者、科学家、设计师如何通过自己的发现从此改变世界。听上去他们敏锐的洞察力仿佛与生俱来：詹姆斯·瓦特有关蒸汽机的想法萌生于看见炉上母亲煮沸的茶壶；青霉素的发明得益于亚历山大·弗莱明不小心整夜忘记盖上培养皿；当然还有牛顿仅仅通过一个掉落的苹果从而提出了万有引力定律。

不管最终成就这些人物的到底是什么，几个世纪以来我们认定他们具有非凡的发明创造才能，并且时至今日依旧深受鼓舞。即便这些伟人的履历揭示了他们极佳的职业道德以及令人惊叹的持之以恒，我们始终坚信这些人生来就得到了上天的馈赠从而使他们于平实之中见惊奇。这种所谓的“天赋”只会给予一小部分人，伟人生来即是伟人，常人即便通过后天努力也无法获得这种天赋。

长久以来从未有人质疑过这种想法，从小学开始，形形色色的考试就开始将我们按能力划分至不同等级，并一直持续至学生生涯结束。假如到了高中我们的创造天赋还未被发掘，我们便认为自己生来就不具备。一旦步入职场，我们又被鼓励只要努力工作尽己所能，就能取得能力所及范围内的成功。

然而，假如这并非天才的成长之路呢？假如爱因斯坦和爱迪生不过是思维运作方式和我们不同呢？拉尔夫·沃尔多·爱默生曾在创作过程中有此发现，“简单罗列些单词就有助于激发大脑的创造力”。由此可见，创造力更像是一种思维状态而非内在能力。因此，倘若才能并非天成，只不过必须被唤醒呢？

25年来，我一直致力于培训欧洲及美国地区的高管和公司领导层，他们都试图寻找获取成功的重要方法。尽管这其中很多人已经取得了大部分专业人才终其一生所追求的成就，但他们仍旧想方设法促使自己的公司和个人迈上新的台阶。而为达到这一目标，我需要帮助他们进一步挖掘自己深层次的创造力和想象力。这些潜能一直存在，不过是要学会如何能够将它们更有效地释放出来。

我曾当过十几年的公司高管，之后又接受了心理学以及行为学等方面的教育，这些经历连同我作为高管教练所积累的经验一道激励了我有志于终生研究人类思维。培训高管的过程中，我不断研究新的授课技巧，同时不断寻找新的创造力模板来帮助激发客户潜能。过去这几年，我根据授课效果对这些方法和模板取其精华，去其糟粕。

虽然通过培训学员仅仅释放了一小部分创造力潜能，但我却一次又一次被他们所取得的成果震撼。我曾亲眼看到我的客户培训之后公司增收数十亿美元，也见过领导层运用授课技巧之后减少了人才流失以及运营成本，从而使得生产力得到最大程度的发挥。这些学员加快了创新与设计的步伐，生产出新的产品，创立了新的品牌，其中还有很多人将事业拓展到了世界各地。但或许更重要的是，本书当中我所教授的理论和技巧能够让我的客户学会无论在公司还是在家都懂得享受生活，毕竟他们当中有着一些称得上世上最忙碌的人，总是处在巨大的压力之下。

书中的理念和方法不会每一条都合你胃口，但其中必定有些会感染到你，不妨去试一试。我保证如果你坚持实践这些方法，最终一定能看到成效。也可以通过发送邮件到 scott.cochrane@theboldmindgroup.com 与我分享你的经历。

Contents 目录

◢ 第三章　创造力如何改变我们和我们的世界？

◢ 第四章　改变，螺旋上升还是螺旋下降？

◢ 第五章　创造力还是自控力？

◢ 第六章　如何持续有效提升创造力？

◢ 第七章 选择颠覆思维还是选择挑战现实?

◢ 第八章 创新者如何成长为趋势领导者?

◢ 第九章 什么是创造力思维模式?

◢ 第十章 创新者如何转变合作关系?

◢ 第十一章　你将如何创造未来?

◢ 第十二章　如何获得认同感?

Y O U R C R E A T I V E M I N D

第一章

为什么伟大的公司不能一直伟大?

1971 年，一对兄弟在我的家乡密歇根安娜堡市开了一家 800 平方英尺的二手书店。随后的 20 年里，这个最初的家庭小店发展成了博德斯集团（Borders Books），拥有 650 家连锁书店以及上千名员工。博德斯创造了前所未有的店内用户体验，它为爱书之人开辟了城市一隅，使他们在这里能够享受到浏览上千本书目的乐趣。博德斯集团于 1995 年上市，两年之后更是达到了全盛时期。然而 16 年过去，这个曾被一位出版商称为“行业歆羡对象”的公司却申请破产。其间发生了什么？

企业倒闭的原因很多，一些令人沮丧的数据也总在告诉我们新公司创业失败是多么频繁地在上演，虽然准确数字仍存在争议，但基本上在成立的一年到十八个月内，有 90% 的公司面临关门的处境，再乐观一点这个数字会维持在 50%。埃里克·T. 瓦格纳曾在一篇发表在《福布斯》杂志上的论文中将企业失败归结为五个主要因素的“缺失”：一是与受众群体的沟通；二是富有独特价值的提案；三是有效的营销策略；四是卓越的领导力；五是可盈利的运作模式。这几大因素无论哪个成为短板都会使得公司难以为继。

但我们看到像博德斯集团这样的企业基本上是全面兼顾并大获成功，却为何顷刻间出人意料地破产了呢？这类企业失败的原因很多，包括财务领导力的缺失以及营销决策的失误。有时消费者行为一个不期然的转变通常对于公司来说便是很难攻克的关卡。

创立于1859年的美国A&P连锁超市发展至20世纪40年代一家独大，然而最近也申请了破产。事实上，自从20世纪70年代开始，这家公司就始终未能克服美国人口郊区化带来的障碍。往日连锁超市的忠实消费者不再走入中心城区的邻家便利店。而是越来越多地开去拥有宽敞停车位以及商品价格更加低廉的郊区杂货店，由此导致A&P损失上百万美元。

然而，针对现有产品的技术革新和思维转变往往能够扰乱现有势头强劲、运转良好的商业模式。颠覆性技术从来不是一个新的概念，只不过最近才流行了起来。马车车轮的工匠因为汽车的发明难以糊口，牛仔从此无须驱牛数百英里，因为载满新鲜牛肉的冷藏车开上了新修的铁路。

在博得斯集团的案例中，这种颠覆性技术则是左右夹击，一方面是网上书店的大幅度打折促销，另一方面则是电子书的兴起。即便博德斯已经清楚地认识到了此类威胁，其后的应对策略却要么失算要么十分不走运。博德斯这种依赖传统指数和实体销售的商业模式，面对的是两大足以致命的挑战，但公司仍决定继续增加连锁店面。这招险棋意味着在买地、建店以及日后常规运营费用方面的巨额支出。

博德斯的决策在而后来看似乎略显有勇无谋，但也能看出其领导层清楚地认识到博德斯的一大卖点就是提供给顾客的进店体验。他们希望通过开设新的店面继续将这种体验转化为利润。集团在开拓新市场方面的确大获成功，但其受众群体已经开始学会只在店里浏览回去在网上购买，而与此同时公司却面临着上千万美元的房屋贷款。

博德斯走错的不仅仅是广开新店这一步。就在它大量扩充CD和DVD库存后不久，数字音乐和流媒体便以席卷之势将传统光盘行业颠覆。博德斯早前还将网上业务以及电子书销售交由亚马逊接管，但随后亚马逊逐步崛起，成为网上书店中一个强有力的竞争者，并将博德斯挤出市场。

很多人已经忘了博德斯起初也是以一个极具杀伤力的创新者形象出现，作为大型图书零售连锁店，它曾靠着商品削价断了许多小型书店的活路。博德斯的创始人之一还曾研发出一项软件程序，从而彻底革新了书店统计库存以及预测销量的方法。但像博德斯这样的大型成功企业的高层，往往对市场日新月异的变化反应不够敏锐。与其相反的是巴恩斯·诺布尔书店(Barnes and Noble)，凭借数目繁多的网络销售，以及发展自身的电子阅读器Nook得以存活。

加快转变

博德斯集团长久以来运行良好，所提供的商品以及用户体验都深受消费者喜爱。过去的 20 年，该集团所创的库存统计软件一直是其强有力的竞争优势，而当数字革命浪潮的冲击袭来，博德斯的失败缘由就是未能及时做出必要调整。

与之相似的还有在过去 100 年赚得盆满钵满的柯达。这家老牌企业同样在数码摄像时代来临之际遭遇了同样的问题。如果柯达从事相机销售行业，完全可以通过转而销售数码相机平稳渡过这一难关，毕竟第一台数码相机就是出自柯达工程师之手。但柯达的商业模式主要是靠胶卷盈利，相机只是其边缘产业。在过去的十几年里，柯达已经逐渐意识到了数码趋势，却未能适时调整商业模式。而富士胶片的领导层却提前预见到了这一变化，迅速削减胶片产量，兼并数家数码产品创业公司，成功抵御了此波冲击。

对博德斯、柯达这样的企业进行事后批判很容易，但同时也不难看出，即便是历史悠久的集团，也很难在灾难来临之际用曾经获得成功的运营模式渡过险关。真正具有创新精神的领导者必须明白每个人都会面临一击致命的险境，有时甚至没有任何过渡提醒。

塔纳托斯是希腊神话中的死亡之神。与令人生畏的冥王哈迪斯不同，塔纳托斯从传统意义上说并没有那么可怖。按照神话的描述，塔纳托斯不过是在命运宣判某人时日已尽时平和地将其带走。没有哪种理念、技术、创新、产品或者服务可以永垂不朽。想要激发自身的创造力首先要做到的一点就是明白我们所创造的一切，持续时间都是有限的，或早或晚，塔纳托斯都会以上述例子中电子书、数码相机或者其他改变世界新思想的形式到来，将现有的一切带走。我们不应害怕这种情况的出现，反倒应该期待并着手准备。

当然期待并不一定能减少改变带来的焦虑感。在 20 世纪末，电子邮件逐渐取代了邮局，少年男女从此可以自由地进行信件往来而不被家长知晓，父辈为此忧心忡忡。正如今日，很少有父母能够学会如何分享视频和照片，而他们的孩子却靠着这项技术实现了一天 24 小时与朋友即时通信。

并且，技术革新的周期也在逐渐缩短。托马斯·爱迪生在 1877 年的时候发明了留声机，1948 年出现了黑胶唱片，磁带和 CD 也分别在随后的 1963 年和 1982 年出现。而当 2001 年苹果推出第一代 iPod 产品，人们只需上网付费下载即可享受音乐，再也不用购买实体商品，由此带来了利润的飞升。

仅仅是 7 年之后，美国 Spotify 公司便推出了流媒体音乐服务。用户只需每月缴纳固定费用就可以无限制地享受曲库里的音乐，而如果你不介意偶尔的广告推送，甚至可以免费获取这一服务，从此打破了单曲下载的商业模式。

成功者容易变得短视

我们的关节和肌肉会随着年龄的增长逐渐僵硬，如果不抽出时间来锻炼和伸展，身体的灵活性会逐渐丧失，最后甚至可能动都动不了。我们的大脑也会出现这种情况。受惯性思维的长期影响，我们会发现想要改变或是适应远不如青年时代那么容易。

心理学上将不能换种角度思考或者创新方法解决问题称之为认知刚性（Cognitive regidity）。所有人在某时某刻都会“患上”认知刚性，不过是程度深浅的区别。轻度的认知刚性会导致固执己见，即便有充足的证据显示此人认知有误也无法使其改变观点。

而当认知刚性严重到一定程度甚至会导致反社会倾向，从而对自身以外的人丧失同理心。令人啼笑皆非的是，在某一领域越是专业的人，越难从新的角度去看问题。有些人将这一现象称为“经验专制”。沉迷于已知世界里故步自封，付出的将是停止更新现有知识体系的代价。

认知刚性常见于患有艾斯伯格症候群和高功能自闭症的儿童中，他们很难应对实际生活中出现的与已知规律相背离的情况，也很难适应新的环境。多数神经病专家认为这是由于大脑内部掌控执行功能的区域出现障碍，使得他们无法控制冲动、自我调节或是制定计划。而成年人如果不适当“活动”头脑保持灵活性，很可能遭遇同样问题，即便没有这么严重。如果整个企业习惯用一套既定规则占领市场并遵从单一商业模式，那么当有新的想法或提案出现时大部分人会产生本能的抗拒。

如此看来某种程度上的思维僵化也是柯达失败的重要原因之一。正如艾维·丹在《福布斯》杂志中所说：“大获成功的企业往往容易变得短视。柯达的失败其实根植于它的成功，正因如此成功，所以抗拒改变。柯达略显狭隘的企业文化致使其对自身品牌和市场过分自信，同时也低估了数字浪潮可能带来的威胁。”

思维僵化并不仅仅存在于商业领域。二战期间，美国成功截获日本外交密电，而日本的军事顾问不断地给高层吃定心丸称，破密是不可能人为做到的事情。但美军却凭此密电成功定位了日本补给船的位置并用潜水艇实施了精确打击。1943 年，美军更是如法炮制，靠着截获日军密电码得知了海军上将山本的飞行计划，于中途成功将其伏击。

创意过程中的张力与平衡

那么我们如何才能避免思维僵化？显然我们不可能拒绝所有常规或是避免成为某一领域的专家。实际上，人类的确需要遵从一些习惯的规则才能存活。例如一些维持日常生活的举动，刷牙、穿鞋、每天保证去一个小时的健身房等，我们必须不厌其烦地重复一遍又一遍。而一个或是一套动作我们重复的次数越多，再做起来就越不需要费脑筋。

《纽约时报》的商业专栏作家查尔斯·都希格在《习惯的力量》一书中将习惯描述为一个三步走的过程，一是激发行为的契机，二是惯常行为本身，三是付诸行动后所获得的奖赏。习惯本身无论有益与否，一般都会遵循三步走的定律。甜甜圈的香味激发了我们的嗅觉（契机），我们会将甜甜圈买下并吃掉（惯常行为），香甜的滋味和充足的糖分令我们满足（奖赏）。一旦这个过程重复的次数足够多，我们的大脑即对其产生自动反应，而无须再运转。

习惯同样能够使我们将精力花在更为重要的事情上，惯性行为有时可以帮助我们一心二用。例如我们在上班的路上可以边开车边与人交谈，或是边听音乐边做饭。企业有时同样需要依循惯例。如果销售人员每次向目标客户获取相同信息时都采取不同的询问方式，无疑浪费了宝贵的时间和精力，有时还会损失重要信息。相反，如果销售人员能够遵循已经经过市场检验的固定套路，不仅能够得到所有想要的数据，而且完全不会遭受上述困扰。同样，如果会计每个月都要考虑如何处理票据，就远不如制定一套有据可依的现成制度省时省力。

当然，习惯亦有其弊端。一旦习惯成自然我们很有可能在日常惯例被打破的情况下不知所措。久而久之就导致了思维僵化。说来有些可笑，有时创新的过程也会变成一种习惯，相比较寻求新生事物，我们更多的是在重复现有模式。

历史长河中，不少文化都曾遭遇过因循守旧和试图变通激烈碰撞所产生的矛盾，处理的方式也各不相同。人类学家卡洛斯·卡斯塔涅达曾在《巫士唐望的教诲》一书中描绘了墨西哥中部神秘的雅基印第安萨满教。

雅基人自认是危险世界中的勇士，因此非常抗拒会削弱自身实力的既定规则。比如，雅基人指出如果每天都走同一条路，那么被袭击者掌握规律之后就非常容易受到袭击。尽管有不少学者质疑这一发现的学术有效性，但不得不承认卡斯塔涅达的确向我们展现了墨守成规所可能付出的代价，以及打破习惯的桎梏是多么知易行难。

头脑风暴所带来的问题

过去的几十年，只要一提到创新，大部分西方人还在沿用20世纪50年代兴起的“头脑风暴”法,最多是在此基础上的延伸。而我所提供给学员的则是完全不同的选择。

我曾帮助一家公司对其亏本多年的软饮料进行再包装。用到的方法是，首先在公司高层面前放上一大堆东西，包括雨伞、橡胶管、咖啡机、烤面包机以及花瓶，随后我让他们从中选出一样。他们几经考虑最终选择了咖啡机。

选定之后我们一起讨论了咖啡机的特性，并试图寻找其中可以适用于软饮料包装的解决方案（这一创新思维方式我将在第七章中进行更为详细的叙述）。会议快结束时，公司高层针对产品包装提出了一个完全不同以往的构想，并在之后进行了成功的市场营销，使得该饮料实现了几年之内的首次盈利。

为何这种方法行之有效？过去科学家始终认为成年人的大脑就如一个信息储蓄所，你可以进行存取却无法改变它的构造。我们都知道填鸭式地向大脑输送数据可能造成创伤，却很少想过也有其他方法进一步提升大脑的能力。

了解大脑的构造有助于我们更好地明白创新的过程。头脑风暴看起来的确是可以最大程度地利用集体的潜能，因为头脑风暴的过程就如同将所有信息储蓄汇集到一间会议室内，每个人都将自己所储蓄的内容倾倒出来供其余的所有人分享，这样往往能讨论出最佳方案。

大部分人对头脑风暴的形式早已烂熟于心。参与讨论的人对期间迸发的想法不能有任何的评论或批判，任何想法都不能被称之为“愚蠢”，甚至越看似“疯狂”越受到鼓励。头脑风暴鼓励大家跳出思维的固有圈套，尽可能多的冒出些新点子，我们一直认为这些才是释放创造力的关键因素。

从某种意义上说，不难理解为何公司高管对头脑风暴青睐有加。因为在此过程中你能倾听到每个人的声音，每个人也都感觉到自己的想法被重视。虽然我们不愿承认，但很多时候头脑风暴产出的“量”大于“质”，并且我们如果敢于直面结果就会知道头脑风暴中所产生的想法趋于平庸的多，不从流俗的少。

这样的结果通常源于以下几点：一是头脑风暴所设定的环境较为适合外向的人，而实际上大多数聪明人并不愿意在一大群人面前分享自己的想法，因而在会议中显得少言寡语。所以占上风的通常是乐于分享的性格而非更胜一筹的绝妙点子。此外，如果有权威人士出席头脑风暴会议，大部分人会选择看其眼色行事，使得一场原本自由发挥的讨论会受所谓的主流意见的引导落入窠臼，独到见地也因此淹没其中。简而言之，无意识的群体思维会成为一股强大的力量，引导着讨论朝着保守的方向发展，淹没了原创性和创新性。

这些是我们开会之前所收集到的超棒的主意……

而在上文我所举的例子中，将软饮料包装与咖啡机相结合就能使大家将关注点放在不断寻找两者之间新的联系，而不是遵从呼声最高的想法。因为这种方法可以激活我们大脑内不经常使用的部分，与众不同的市场营销方案也往往就此诞生。

释放新的创造力

“创造力没有固定的形态。”克拉利萨·品卡罗·埃斯蒂斯博士在她的经典畅销书《与狼共奔的女人》中这样说道。她将创造力比作奔腾的河流，所经之处万物皆被浸润。书中她进一步解释道：“如果我们渴望创造力，如果我们无法抑制想象的生长，如果我们难以集中精力去实现或追寻个人的憧憬，那么一定是创造力的河流在源头到支流的某一段出现了问题。不然就是流经区域的本就遭受污染，早在创造力河流来临之前，富有生命和想象力的生物已在成熟之前惨遭扼杀。”

埃斯蒂斯博士曾说，创造力无须费心去找寻，只要我们不阻碍或者扼杀，它就一定会主动找上我们。而我们惯常的哪些做法会阻碍创造力的发展呢？在我从事培训和咨询行业多年后，总结出如下几点。

不懂变通：正如之前我们谈到的，僵化思维大概是创新的最大阻碍了。柯达的领导层很难想到仅凭自己现有的品牌认知和商业模式无法战无不胜，因此就未曾尝试打开新世界的大门，而幡然醒悟的时候早已为时过晚。

控制欲：有控制欲的人往往能做到领导层，因为这种性格通常伴随而来的还有勤勉和进取心。在很多实例中拥有控制欲的领导往往具备以下重要特质：有决断力、目标性强、同时反应敏锐。但同样他们也会对于他人提出的意见没有耐心、批评指责、疑心重重，而这些品质无疑会压制创造力的发展。

黑莓刚研制出智能手机没多久，就被苹果和安卓系统包抄。一篇名为《探究黑莓衰落真相：智能手机发明者何以未能与时俱进》的调查报告曾在文中这样写道："RIM（移动研究公司，也就是后来的黑莓公司）对研发人员限制重重，他们所开发的应用软件最后很难投入使用，从而扼杀了这些人的创造力。"黑莓应用软件开发商创始人特里沃·尼姆吉尔斯也表示研发人员通常不愿意在如此多的条条框框下工作，更倾向与 Instagram 和 Tumblr 等灵活度较高的团队合作。

恐惧：当现有的商业模式遭遇变革，恐惧心理可谓是人之常情。而仅仅是这转瞬即逝的情感就有可能抑制创新的冲动。事实上，当我们产生恐惧，脑内的化学反应会引导我们准备战斗而非开始创新（后面对此还有详尽介绍）。诱发恐惧的不仅仅是新技术、市场变化或者竞争对手，可能仅仅是与同侪的比较就足以让我们感到忧虑。正如埃斯蒂斯博士在书中所说："有时对他人天赋及所得的过于歆羡会导致我们一味专注于模仿，从而满足于成为一个平庸的'别人'而忽视挖掘自身的内在潜能及深度。"

自负：自负不同于自信。事实上，自负的行为往往是在掩饰内心对自身能力价值的不自信。自负的领导易被激怒并且十分在意新的想法和项目是否归功于自己。同时这样的领导在出现问题时比起找寻解决方法更急于推卸责任。相比于投入创新，自负的人更愿意在维护固有的势力范围上花费精力。更糟糕的是，因为他们无法正确看待自己，所以也就很难客观地评价包括新想法在内的一切事物。独享成功的渴求抑制了创造力的发展。他们拒绝自我反省也不容他人的质疑。

几千年来，寻道者和巫师一直靠吃迷幻药产生欣快感，认为这样就能释放出体内的创造力。然而这些神职人员本身也有遵从了上百年甚至上千年的仪式。之后的章节我们会谈到这一微妙的动态平衡在现代公司中是如何体现的。

结论：成功者的三种模式

纵观当前占领市场的成功企业，基本有如下三种模式：一是即使面临再大的变化，也依然按照现有模式运转；二是面对变化能够及时做出应对；三是自我革新，创造变化。

当然，以第三种模式的存在的公司仍需应对日后其他公司革新所带来的市场变化。

放马后炮总比未雨绸缪来的轻松。虽然作为局外人，我们很难对柯达、博德斯、黑莓失败的症结以及富士、巴恩斯·诺布尔、安卓成功的秘诀下一个确切的定论。但我们却能归结出他们的相同之处并从反面案例中汲取经验。

没有变被动为主动。上述三家失败的公司都是久经考验的商业模式被新科技颠覆。例如柯达，即便花费上百万用于数码相机的科研和开发仍未能赶上数码时代的浪潮。柯达的工程师足够具有创新性，柯达的领导层却不行。

没有迅速对市场巨变做出反应。等到这些公司反应过来发生了什么并且意识到变化将对自己所占市场份额产生怎样的影响时，往往已被巨额负债或者误判所耗费的投资拖累无法脱身。应对颠覆性的变化需要准确的判断以及迅速做出强有力回应。

不愿放弃现有的商业模式。塔纳托斯迟早会来，再怎么抗拒这一情况也不会改变。柯达拒绝承认往昔依靠胶卷发家致富的日子一去不复返，博德斯无法应对电子商务和数字音乐的到来，黑莓不能接受应用软件对智能手机用户无比重要。因此产生的结果大家都知道了。

自信用错了地方。大多数成功企业都面临陷入骄傲自满的险境。并非每一个开拓者都生而谦卑，但所有创新团队都应认识到创造力从不会被谁垄断，我们所能做的就是参与其中，倾听市场所释放的信号，不断尝试新鲜事物。

居于高位者身边簇拥甚多，他们大多讲着领导爱听的话，很少有人敢于质疑领导的想法，提醒风险的来临。甚至有些公司自身的体制就阻碍了创造力，限制了公司向前发展。各种规章制度在创新的过程中无孔不入，一轮又一轮的炒冷饭代替了寻找新的可能。

任何企业都有可能被颠覆性的科技或者营销手段击垮，但并不是每一个公司都将自己定义为掀起颠覆风暴的源头。在下一章我们将具体探讨如何才能成为这一源头。

第二章

未来已来，我们从成功的创新者身上学什么？

现如今，美国大多数家庭都拥有无数 50 年前根本想象不到的科技产品。各类通信设备及娱乐装置随时随地触手可及。走在前沿的个人及品牌正在改变我们购买、销售、工作甚至社交等生活方式。一些此前从未有过需求的产品和服务如今开始变得不可或缺。

创新的方式有很多种。并不是只有发明了 iPad 或者创立了亚马逊才叫作成功。有些人开发了一款适用于 iPad 的应用软件，有些人通过亚马逊商城贩卖二手衣服或者自己设计的小狗颈圈，这些行为可能看起来没那么酷也不会引领潮流，看他们同样是成功的创新举动。虽然大部分人眼中的创新都应伴随着技术方面的突破，而事实上这并非实现创新的必要因素。

当然，创新仍需要一定的特质和条件，至少他们会促进创新的产生。本章我们举出一些正面的例子，看看那些开辟了神奇新世界的公司身上到底有哪些可取之处。我们将会找寻那些对于创新来说至关重要的因素，以便更好地为我所用。

创造与革新

人们通常将创造与革新这两个词交替使用，而实际上它们并不完全等同。创造的定义有很多，但此处为了进一步辨析，我们可以将其理解为提出之前根本不存在的原创性想法。而革新，在商业领域一般是指将创造力加以不同形式的应用，如果运用得当还将转化为利润。所以你就能看出，并不是所有创造都能掀起革新，也不是所有革新都能转化为利润。因此假如有人告诉你能靠冒出些新点子赚钱，那毫无疑问是在吹牛。

当说到商业革新改变了世界，我们很容易就联想到新技术的出现。而在现实中创新的形式却可以有很多种。

产品创新：几个世纪以来，无数开拓者为我们创造出了此前难以想象的产品。无论是电话、割草机、烟雾探测器还是iPad，新的发明不断在为自身拓展新的市场。

服务创新：服务方面的创新通常跟随文化或技术方面的变化，但也并不绝对。例如牙科材料应用到人工指甲领域促进了美甲甲片行业的大发展。随着越来越多的女性选择婚后继续工作，类似于全职主妇或全职妈妈的职业与日俱增，承担了做饭及遛狗等家务。

细节创新：所谓的“一招鲜，吃遍天”在当今依旧是普世真理。如果现有产品非常吃香，试试在其基础上加以改进，相信一定能使消费者更加趋之若鹜。詹姆斯·戴森并非吸尘器的发明者，但他却是第一个将老式吸尘器里的离心通风机换成向心分离器的人。正是这一细节创新使戴森从此创立了自己的公司并拥有了无数效仿者。

提供服务方面同样可以进行细节创新。埃森哲咨询公司根据员工的工作方式重新设计了办公室。因为咨询师大部分时间不是外出工作就是与客户待在一起，所以埃森哲率先采取了办公桌轮用制度。这项办公室的规划创新大大节省了日常开支，使得公司业务规模不断扩大，同时还能让员工根据工作需要来去自由。

生产创新：生产方式的创新能够极大地节约时间和成本。在福特公司发展生产线以及标准配件之前，汽车只有少数富裕人家才能负担得起。而创新生产方式之后，福特 T 型车几乎能做到人手一辆。

当然削减成本并不是促进生产方式创新的唯一原因。二战时期，由于战备物资需要，美国的造船工程师将军用舰船的生产周期由 196 天缩短至 27 天，并在几年之内市总产量超过 1000 艘。盟军最后能够取得二战胜利，造船生产方式的创新功不可没。

供应交付链创新：一个世纪以前，西尔斯以及蒙哥马利 · 沃德日用品零售公司通过邮件订购的方式向乡村地区的消费者销售包括半成熟制品等家用产品。这些公司并没有进行什么发明创造，不过是提供给顾客一种更加便捷的运货方式。如今涌现的上百万家网购公司所做的不过是相同的事情。

营销创新：推销产品方式的改变有时能够彻底颠覆一个公司乃至整个行业的命运。当美国食品药品监督管理局允许西梅干生产商在产品包装上标明“话梅”字样时，逐年递减的销量首度实现 5.5% 的涨幅，其实二者指的是一类东西。营销创新是每一个与潮流息息相关的产业向前发展的助推器。

商业模式创新：商业模式创新涉及盈利方式的变化。例如优步和传统的出租车公司提供的核心服务并无二致，但区别在于其并无车辆所有权。在人手一台智能机以及应用软件不断更新的今天，优步公司的创新主要依靠科技的进步，所提供的用户体验其实和过去相比差别不大。正如第一章所谈到的，数码相机对柯达的相机占有率影响甚微，但它却摧毁了其原本靠胶卷盈利的商业模式。

体验创新：变化不只局限于产品或是服务，能改变消费者使用产品或体验服务的方式同样是一种创新。星巴克在打造高质咖啡的同时，也为咖啡爱好者提供了聚在一起谈天说地的场所。不少书店特地为学龄前儿童举办故事会，使得全职父母以及保姆能够带着孩子有了去处。

相比于菜单和价格方面的更新，更多的餐厅开始选择举办类似脱口秀之夜的娱乐活动来为消费者营造创新体验。一些健身俱乐部也开始变着法子讨客户欢心，有的靠打造无与伦比的软硬环境，有的靠为单身男女提供交往机会，除此之外的其他服务并没有太大变化。

从车库到谷歌

如果科学家想要知道是否有其他星球上存在生命，他们必须首先知道适宜存活的条件有哪些，比如适中的恒星距离、表面有大气层覆盖、液态水的存在，等等。同样，公司无论大小，我们都能通过观察看其是否具备孕育创造和革新的因素。

革新不以大小定性。革新可以是小朋友在周日晚上就把这一周打算穿的所有衣服都准备好，为以后的每天早上都省下几分钟。革新同样可以是拥有资产几十亿美元的公司通过改进制造工艺每年削减上百万成本。但引发这两种革新的创造过程并无本质区别。

大公司在革新方面就一定比在家或在车库工作的自由创业者更具优势吗？现金流对产品的原型制作、实验以及最后的推出的确非常重要，但这些并非诞生革新想法的必要前提。而正如我们上一章所谈到的，现实中越是坐拥资源的大公司反而越难在革新方面有所突破。那么这些大大小小的革新背后又有哪些共同之处呢？

谈到革新巨头，不得不提苹果。如果不是苹果，很多东西我们甚至根本不觉得是必须。公司创始人史蒂夫·乔布斯后期的很多想法已不再局限于发明新技术，而更侧重于研究人们如何使用新技术并与之互动。同时，苹果公司生产的手机靠着出众的外观、绝佳的品质引领了新风尚，成为名流及青少年的必备款。

同样不得不提的还有谷歌。作为一家连续多年排在各大创新排行榜榜首的公司，谷歌为永葆创造力做出的努力被书写成了各类传奇。谷歌每年投入研发上百万元早已不是什么秘密，而公司革新绝不单凭这点。毕竟，柯达在研发上所花的经费并不少，却并未因此将其转化为效益。

所以，到底是什么原因使得谷歌在探索神奇新世界的领域一骑绝尘？或许你能在以下几点久经考验的实践中找到新灵感来源的秘诀。

谷歌很清楚自己不可能永远独享创造力的青睐。因此总是从各种渠道吸纳新的想法，包括经常性收购或与初创公司进行合作。例如通过 Linux 操作系统的采用更能够帮助公司了解客户使用过程中的不便和需求，进而基于用户体验改进产品。用户因此成为产品开发团队必不可少的一员，为新产品的成型和改进做出贡献。

谷歌将培养创造力列为员工职业生涯规划中必不可少的一环。一直以来公司都鼓励员工将至少 20% 的时间花在研究自己喜欢的项目上。

谷歌从不以失败为耻。正如其首席互联网布道师戈皮・卡拉伊尔在接受知名商业杂志《快速公司》采访时所说：“失败是通往创新和成功的路径之一，应该以此为豪。”

谷歌不会等到新产品万无一失才上线。公司一直以来秉持的理念都是在最短时间里推陈出新。而在这一过程中用户指出的问题和不足往往是改进产品的原动力。

谷歌不急于将新想法转化为利润。公司始终认为只要坚持以客户为中心，业绩自然会随之而来。

谷歌始终牢记自身“整合全球资源为人人所用”的使命。历史证明，当人类跳出小我，为更宏大的目标奋斗时，创造力将被最大程度地激发。

我们再来分享几位其他创业者的成功经历。YouTube的创始人乍得·贺利、陈士骏、贾德·卡林姆创办网站的想法源于2004年。卡林姆告诉《今日美国》的记者，当年超级碗杯节目中珍妮·杰克逊不慎走光以及印度洋发生破坏性海啸发生，上百万网民搜索相关视频，创办一个视频分享网站的想法也由此萌生。这三个贝宝公司（PayPal）的前员工开始思考如何能为这些热门视频搭建一个可供上传和浏览的平台。

2005年4月，“三剑客”在YouTube平台上上传了第一段视频。2006年10月，谷歌以17亿美元收购了YouTube网站。而到成交之时，YouTube每天的浏览量已经达到数十亿，为无数音乐人、运动员以及娱乐人士开启了事业的新篇章。

Instagram的创始人凯文·斯特罗姆和迈克·克雷格都曾有过在Meebo（即时通讯公司）、谷歌、推特等科技公司任职的经历，二人研究了所有市面上的照片分享软件，随后决定开发一款新的应用，能够囊括所有的滤镜，同时具有类似脸书的社交功能。他们不断提炼想法并几经测试，终于在 2010 年 10 月推出了 Instagram 这款应用软件，而此时恰逢 iPhone4 带着高像素的数码照相功能刚刚上市。Instagram 首日下载量已达 2.5 万人次，一个月后，这一数字达到了 100 万。2012 年 4 月，斯特罗姆和克雷格以 10 亿美元的价格将 Instagram 卖给了脸书，其中包括 3 亿现金和 7 亿股票。收购之时，这家创业公司的员工总数不过 13 名。

因此我们能从这些大获成功的创新者身上学到些什么呢?首先非常明确也是值得深思的一点就是，无论是像谷歌这类的大企业还是类似 Instagram 这种小公司，催生革新的创造力从来都是来源于大脑的思考，有时是一个人，有时是两三人。但谷歌从来不会将几百号甚至几千号员工聚集起来进行所谓的释放创造力会议，相反，他们更愿意让员工花些时间独处或者小范围交流，以此激发创新思维。

当然，集思广益也未必不会推陈出新，特别是在正确的指导之下。但我们应当注意的是公司的规模大小并不在创新过程中起决定因素，正如上一章所讲，有时大型企业的规章制度以及僵化体制反倒会成为创新过程当中的阻碍。当上千家企业都在拾谷歌牙慧之时，这家公司却坚持靠着不断与初创企业合作来吸收新鲜血液。

同时我们也能看到，创意灵感的激发并不止遵循一种途径。创办 YouTube 的想法来自于外部重大事件的发生， Instagram

理念在斯特罗姆和克雷格千百次的试验和失败后最终得以完善，而谷歌为员工所创造的环境更是集前两者之大成，任何创意灵感都将在过程中按自己的步速慢慢萌发。

动机和目的同样是激发创造力的重要因素。YouTube 和 Instagram 的创始人此前都曾为他人打工，直到强烈的渴望驱使他们想要成就一番自己的事业。谷歌一直致力于让每一位员工明白自己肩负的使命，同时树立全局眼光，哪怕他们来自不同的国家与阶层。

毫无疑问，利润也是促使人们打破思维僵局的动力之一。对于一些资金充裕的企业来说长期投资不是难事，但这些惯于放长线钓大鱼的领导者一定要清楚，创新是一个动态的过程，其茁壮成长靠的是鼓励而非控制。

找准合作对象

类似于谷歌这样的企业总是不厌其烦地强调，成功的合作总能够激发无限的创造并引发后期的革新。但那些本身不如谷歌苹果这样有吸引力的公司又该到哪去寻求合作呢？实际上，只要有一双敏锐的眼睛，合作的机遇就在我们身边。

不久前，我作为一所大学的院长高级顾问接待了该校商学院的院长，她对学校提出的筹款指标非常头疼，认为在没有外援的情况下很难完成如此艰巨的任务。此外她还抱怨自己不得不劳动那些博士毕业的教授帮忙整理写满资料的活页纸，这样才能在人手紧缺的情况下完成日常的协调工作。

听完之后我问了她三个问题：有多少家当地企业和商学院有合作关系？学院有多少研究生？利用电子办公是否可以减少使用活页纸以及其他书面材料？当回答完这些问题我感觉到她已经开始思考解决办法了。我则可以帮忙协调当地企业一些潜在筹资人，举办名人系列演讲，完成学校分配的任务指标。

在我的建议下，这位院长同样开设了志愿服务项目，吸纳了一批希望积累相关经验以及与商业领袖交流的研究生来进行安排演讲者的协调工作。与此同时，她还联系了学校技术部门寻找替代活页纸的办公方法。仅仅是换一个角度看看周围，她就成功捕捉到了三个潜在合作方，从而开创了多赢的局面。

重塑品牌

即便是“转型”泛滥的今天，重塑自身品牌仍对企业存活有着至关重要的作用。神奇新世界对现有运行稳定的公司来说可能不够友好，因此他们更需要采取一些大胆的措施来跟上时代步伐。正如其他形式的创新，并非所有的品牌创新最后都能大获全胜。但在有的行业，维持现状就等同于慢性自杀。

品牌转型有时意味着置之死地而后生。塔纳托斯并不单单降临在某一产品或盈利模式身上，有时可能会对整个企业产生致命打击。诺基亚这家 1865 年以木材生意起家的芬兰企业，在 20 世纪 20 年代初期将生意拓展至橡胶和电缆领域，随后在 20 世纪 90 年代成功转身，成为全球通讯业的领军人物。与此类似的还包括：化妆业巨头雅芳原本是挨家挨户推销的书商；透明胶带的制造商 3M 公司最初创立时是家采矿公司；著名玩具公司孩之宝成立初期靠的是销售纺织品边角料；等等。

然而并非所有成功转型都需要做出如此颠覆性的巨变。几十年前，美国有超过 300 家百货商店，并且大部分生意兴隆。当时基本所有的购物都在实体店中进行，室内商场成为成年人和青少年必去之地。而如今，这些商店正挨个关门，包括早前类似于西尔斯以及蒙哥马利·沃德等主力零售公司也不得不面临勉强度日的境地。

许多分析人士将实体商店的倒闭归结于当前经济下滑以及网络购物的兴盛，其实并不尽然。效仿城市商业街开设的室外购物中心如今遍地开花，其中就有顺势而为转型成功的塔吉特百货。塔吉特前身是成立于 1902 年的戴顿赫德森公司，这家以销售纺织品起家的公司日后逐渐发展为连锁百货商店，并在 1962 年成立了第一家塔吉特超市。在随后公司其他百货商店日益困顿的情况下，塔吉特逐渐成为公司最大的收入来源。如今，塔吉特已经成为全美第二大打折超市，仅次于沃尔玛。

但对于那些业务没有扩展到全国，资产和现金储备都有限的企业，成功转型是否可能呢？ Silver Diner 是美国马里兰州罗克维尔市的一家当地连锁餐厅。1989 年成立时 Silver Diner 主打怀旧主题，餐厅每间包厢内都有一台点唱机可以播放经典摇滚音乐，菜单上都是一些典型的美国家常菜。餐厅创始人罗伯特·贾伊莫以及主厨伊普·冯·汉格斯特希望在餐厅里营造出人们可以带着孩子与老人来此追忆往昔、享受单纯岁月的氛围。

在 20 世纪 90 年代，Silver Dinner 陆陆续续在马里兰、弗吉尼亚、新泽西州都开了连锁店。1996 年，餐厅获得丰厚投资，从而在纳斯达克股票交易市场上市。同年餐厅单股价格飙升至历史最高点的八美元，然而在 2002 年这一数字却跌至 19 美分。此时，Silver Dinner 决定完成私有化退市，对一切进行重新考量。

改变就此开始。餐厅老板迈出的第一步就是拒绝在食品中添加反式脂肪，同时在菜单中标明每道菜品的营养含量。过去的十年间，随着经济逐渐紧缩，餐饮业整体面临营业额下滑。因此，多数餐厅开始采取包括削减人手、减少分量、精简菜单在内的各种办法节约开支。

Silver Dinner 却在此时做出了一项大胆的决定，相比于之前的追忆往昔，他们开始与时俱进地贴合下一代的饮食体验。菜单从头到尾翻新，食材从当地选购，Silver Dinner 开始专注打造从农场直接到餐桌的概念。餐厅精选无激素、无抗生素的肉类及奶制品，可以满足各种程度的素食主义以及无麸质饮食的顾客需求。

与此同时，餐厅内部怀旧装潢以及平易近人的价格被保留了下来，以便取悦老顾客。儿童小食及饮品也尽量健康，虽然薯条和汽水如有需要仍会供应，但此举已经获得父母和营养学家的高度赞赏，看到孩子们吃着鲑鱼和水果总能令人心花怒放。

如今，无论去到美国东海岸 15 家 Silver Dinner 连锁店中的哪一家，都能看到食客跨越男女老少各个年龄阶层。Silver Dinner 是目前全美最大的连锁餐厅，拥有同类连锁品牌中单个餐厅最高销售额。在大多数连锁餐厅接连倒闭的今天，Silver Dinner 的业绩依旧蒸蒸日上。

价值比利润更重要

谷歌从来不担心革新没有立刻转化为利润，YouTube 平台运行光是宽带每月就要耗费上百万，因此不少人推断初期其成本远远超过广告收入，亚马逊公司更在成立的前几年始终处于亏损状态，还有像特斯拉、联邦快递等公司都并非即刻盈利。

当然，一些小型企业如果没能遇上一位沉得住气的风投资本家，很难在创新想法迟迟不见成效的情况下依旧投入大量现金。因此我们所要学习的并不是不计回报，因为盈利是十分重要的最终极目标，毕竟革新如果无法转化为利润，那么很难解决现实需求。

之所以不要过分关注短期回报，是因为事实表明能赚快钱的短视行为往往会对日后长期的创新发展带来致命伤害。相信很多人已经无数次听到公司新上任的 CEO 靠着裁员获得了短期内相当可观的季度利润，但这一隐患却在一年或两年之后拖垮了公司的整体运营。

新世界的大门往往是被那些相比关注短期金钱回报，更在意能够给客户带来哪些长期价值的公司所推开。这一点有时在新兴市场体现得更为明显。例如，手机银行的创新突破首先就是在银行较少涉及商业行为的发展中国家兴起，随后才被广泛应用于世界。像印度这样的实体银行匮乏的国家更是直接迈入了网上银行。而肯尼亚、坦桑尼亚这样的国家也在 2007 年迎来了提供移动支付以及小额融资的服务商 M-Pesa。

新兴市场的创新也并不总是和高科技相关。中国在非洲的大手笔投资就更倾向于直接的贸易往来，出口工业制成品，进口初级原材料。过去的几十年里，大多数西方国家都将非洲看作外国援助的受领方，从未考虑过其潜在的消费市场以及与其贸易往来的可能。

中非贸易总额2000年时达到100亿美元，2013年这一数字飙升至2000亿，合作领域涉及粮食、矿产、石油等各个产业。为了更好地进行贸易往来，中国同样协助非洲完善了公路、机场等一系列重要基础设施建设。这些投资目光都放得相当长远，毕竟类似于高速公路的建设很难在头几个月甚至最初几年内就看到回报，但未来的潜能却不可限量。

当然，中国的对非投资不可避免引起了一些争议，主要涉及对当地环境、民族、文化等方面的影响。但毫无疑问，在非洲3000万平方公里的广袤土地上，许多自然资源尚待发现，而中国未来一定在开采和挖掘方面享有一席之位。同时不可否认，中非合作的确为彼此带来了切切实实的利益。

掀起颠覆式创新

因此，神奇新世界一定属于那些勇于尝试不因循守旧的企业。它的主宰者也一定是那些善于倾听、乐于分享的领袖。他们善于促成有效的双赢合作，能够捕捉他人不易发掘的潜能，并且敢冒他人不愿承担的风险。

想要掀起颠覆式创新，一定不要等到万事俱备再推出新产品，经受市场检验的过程同样是不断修正的最佳时期。创造力的产生从来不是靠着复制或遵循某一特定规则及步骤，它需要的不过是在一个充满关爱与自由的环境下慢慢发芽，静待开花。

第三章

创造力如何改变我们和我们的世界？

孩童时期你是否有过一些疯狂的念头？比如乘坐小小宇宙飞船去往月球或者拥有一座建造了无数密道的古堡。小的时候我们总会冒出一些古灵精怪的想法，甚至还在脑中为此描绘过图画和故事，但其中的大多数也只停留在想象阶段，而从未变成现实。

创造力三个字似乎令人望而生畏，可它实际上不过就是我们幼年时都曾勾勒过的想象。所以，为什么随着年纪日益增长，我们的创造力反倒日渐凋零了呢？原因有很多，但其中最重要的一点就是，成年之后我们想要的不再是宇宙飞船和古堡，而是能否将创造力迅速应用至产品、服务以及运行的革新。但将创造力转化为生产力是远比凭空想象复杂得多的事情。

根据自己多年的指导经验，我发现如果能将创造力的过程分为一个个小的阶段，然后各个击破，那么实施起来会容易得多。我们也能在整个过程当中明白并凸显自己的优势，同时认清并弥补自己的不足。

与其他活动不同，创造的过程并不完全遵从直线发展，因此步骤与步骤之间的界限也并不那么明显。相比于各个环节的层层递进，创造的过程更像是部分与部分之间相互重叠，环环相扣。创造过程通常分三个阶段，创意产生、实施创意以及推广创意应用，每一阶段都可以跟着感觉来推进，但如果清楚每一阶段的运作过程，就更有利于最大程度地释放创造力，并将创造力释放的能量最大化。（在第四章我将详细解释这三个步骤）

创造力大脑

创造力产生于大脑这一器官，因此它与脑内化学信息物质的平衡息息相关。如果你本人或是身边亲近的人曾经饱受抑郁症的困扰，那么你一定能够理解如果脑内特定化学物质缺乏，创造力即便不是绝无可能也会很难产生。

著名神经学家巴巴·希弗教授曾在《斯坦福大学商业》杂志里提到过："研究表明，释放创造力的最佳方法就是保持脑内血清素及多巴胺的分泌，这两种物质能使人感到内心平静但又同时使人充满活力。" 血清素是一种神经传导物质，它能够影响人的情绪、胃口以及性欲。大脑血清素水平降低有可能引发抑郁症。多巴胺同样是一种神经传导物质，通常能使人产生兴奋以及满足的感觉。多巴胺的缺失有可能导致帕金森症及药物成瘾。如果这两种物质都处在一个健康的水平，我们就会感到激情澎湃、动力十足，觉得未来充满了无限希望和可能。

而恐惧和压力则会释放出皮质醇等激素，严重阻碍创造过程。这类化学物质会使我们的神经系统处于"觉醒"状态，通俗地说，此时我们的本能反应就是需要在"战斗还是逃跑"中抉择。这种本能反应曾经决定着我们祖先的生死存亡，因为危险来临之际他们必须选择是留下与尖牙利爪的老虎搏斗还是索性溜之大吉。然而对于现代人类来说，这类激素往往在我们面对愤怒的老板或者崩溃的硬盘等重压之下大量分泌，其结果并不利于问题的解决。

当神经系统处于“觉醒”状态时，大脑的全部注意力都放在了寻求安全感以及如何最大程度地降低风险上，这无疑是有悖于创造和革新理念的。如果员工在平日工作里需要创造性思维，而上级一味地采取“大棒”策略激励员工，效果往往是适得其反的。这也是为何个人以及集体对于失败和竞争的恐惧有可能葬送潜在的革新。（下一章我会详细讲到这一点）

过去人们一直认为左脑掌管系统思维和逻辑思维，右脑更侧重于创造性以及综合性思维。因此，如何激发右脑潜在的创造性思维的相关书籍与讲座层出不穷，吸引了不少人趋之若鹜。而现实却没有这么的想当然。

近来，科学家利用不断改进的神经成像技术验证了这些风靡一时的理论，结论表明解决问题和创造性思维都需要左右半脑协同处理。例如在数学领域，计算和背诵乘法表需要用到左半脑，到了预估体积大小就需要右半脑上场了。因此，我们需要做的不仅仅是所谓的锻炼右脑思维，或者激发大脑某一特定区域，而是采用健康的方式将血清素和多巴胺维持在较高的水平上，同时尽量减少“战斗还是逃跑”的本能反应。

培养创造力

舞蹈巨匠玛莎·葛兰姆曾这样描述艺术家培育创造力的责任：

总会有某种生命力或能量，使你无法抗拒想要用行动展示出来的欲望。因你自始至终独一无二，这些表现形式也将因你而与众不同。如果你压制这种抒发，它们将无法通过其他媒介展现出来从而自此不复存在。衡量表达方式的好坏以及评判其价值所在不是你的职责，你所要做的就是勇敢地直面并坦然地接受这些力量。你甚至无须对自身以及所创作的作品信心满满，只要你能以开放身心去感受这些强烈的冲动。

在葛兰姆看来，创造力并非行动清单而更像是一种心理状态。所以我们应该怎样如她所述保持“身心开放”呢？大脑是人体器官，所以无论从生理还是心理上我们都能够采取很多办法来为创造力的产生保驾护航。并且令人欣慰的是这些培育创造力的技巧和方法几乎人人适用，公司无论大小，员工也不必非常春藤盟校的毕业生不可，只要运用得当，谁都可以将自身创造力潜能最大限度地释放。

清空负面情绪，消除恐惧心理：正如我们之前说的，压力在心理上是创造力的对立面。虽然压力和恐惧通常是我们日常生活中无法跳过的一部分，但这些负面情绪对创造过程往往是致命的。因此在高效利用创造力前一定要放空自己。可以试着通过冥想、瑜伽或是写日记等方式将自己从压力和负面情绪中解脱出来。

重塑压力：重塑压力意味着我们需要换个视角看待自身所面临的压力及威胁。压力通常源于我们对未来预期的心理投射。当我们将未来描绘成充满威胁的情况时负面情绪就会由此产生，压力就来了。而如果我们能够有意识地将未来勾勒成蕴含无限机遇能够改进自我的图景，大脑自然而然地就会分泌血清素，比任何药效都好。

晒晒太阳：阳光照射能够使体内的血清素含量上升。试着在阳光下散散步，或是将会议放在户外。寒冷月份以及遇到不适宜室外活动的天气时可以考虑使用日光灯作为替代。

尝试新事物：全新的体验对激发和增强大脑创造力至关重要。个人可以尝试国际象棋、纵横字谜等娱乐活动，或是发展绘画、木工等兴趣爱好，集体可以尝试团队拓展培训等活动项目。每当你开始学习一项新的技能，哪怕与平时所用到的专业毫不相关，都将使大脑中从未开发过的部分得到锻炼。

合理膳食：充足的蛋白质摄入能够保证血清素维持在一个健康的水平。当然，还是可以时不时吃几顿快餐，但一定要保证为大脑提供充足的营养。

广泛涉猎：许多商界高层只读有关商业领域的书，而思维的解放往往需要人们多领域涉猎。阅读有关文学、历史、科学方面的著作，参观艺术博物馆、观看喜剧或参加读诗会，在此过程中你一定可以从他人的创造中汲取灵感。广泛涉猎同样有助于新建神经元之间的联系，原本彼此孤立的想法很可能因为这种联系进一步激发创造力。

享受音乐：拾起孩童时代拿手的乐器，或者就趁这次学种新的，沉浸音乐的过程将使大脑得到充分的锻炼。多数研究表明，学习乐器有助心理健康发展。

多行善事：赠人玫瑰，手留余香。甚至目睹善行的围观群众都能因此感到温馨。我们生命当中的每一天都有行善的机会，有时仅仅是一个善意的微笑，一句温暖的良言就能起到雪中送炭的效果。

保证睡眠：灵感来袭之时我们能激动得数天熬夜。但通常情况下，只有充足的高质量睡眠才能使大脑良好运转。

坚持锻炼：运动有助于身心健康。它同样能帮助我们释放多巴胺和血清素从而抑制阻碍创造力产生的压力激素。

建立新关系：上一章说到，合作是创造过程中不可或缺的一环。约书亚·伍尔夫·申克曾在《大西洋》一书中为我们解密了那些所谓的孤独天才。“竞争与合作其实是双生花。如果多加了解我们就能发现史蒂夫·乔布斯和斯蒂夫·沃兹尼亚克、多萝西·华兹华斯和威廉·华兹华斯、马丁·路德·金和拉尔夫·阿伯内西，这些拍档最终能够成就一番事业很大程度上是靠彼此的默契合作。”

管理情绪：调节自身负面情绪是非常重要的能力。我们曾谈到过抑郁症是脑内化学物质失衡的表现，如果患上此类病症基本与创造力无缘了。所以如果饱受抑郁症或者压力失控的困扰，一定要尽早就医。

保持好奇心：第一章谈到过僵化思维通常是源于我们想要在未知世界中寻找一种确定感。其实，只有在我们坦然接受这种不确定性后，创造的潜能才有可能被释放。哥伦比亚大学的神经科学家斯图尔特·法尔斯坦在他 2012 年出版的《无知它怎样驱动科学》一书中将探索发现的过程描述为“在一间暗室里不断摸索，一直撞到不可名状的物体，只为捕捉几乎看不见的幻象”。

正是这种模糊与不确定感唤起了科学家的好奇心，促使调查和发现取得进展。只有对未知保有好奇，我们才能不断拓展已知。

好奇心十足的人得到答案后会提出更多的问题。虽然不确定感会使人焦虑和沮丧，但想要营造孕育创造力开花结果的环境，我们就必须接受这种不确定感，提醒自己持续探索未知的世界。（本书后面将详细叙述）

如何利用创造力

始终充满创造力固然是好事，但我们能从这种状态中获得什么呢？好奇心以及血清素和多巴胺最终会引领我们去往哪里？或许我们都希望这种状态能够帮助我们设计出新的样品或者营销方案，如果我们为这些特定的目的定制训练项目，或许结果真的能如我们所愿。

但如果你想获得的是为个人以及团队的后续革新打基础，那么就要从自己所从事的行业入手寻找原创概念点。正如上一章所讲，这些概念点往往来自于销售、制造、包装、推广、运输等环节。利用创造力需要我们将这种抽象的能量转化为成形的想法，并最终获取切切实实的帮助。

美国帕森斯设计学院产品设计专业的教授布鲁斯·努斯鲍姆将创意智商归结为五项重要能力：

1. 善于挖掘：能够将来源于各个渠道的信息进行整合。

2. 懂得构思：明白自己的观点与他人相比差别在哪。

3. 学会玩乐：能够在游戏中探索与发现。

4. 动手制作：保持动手的能力和渴望。

5. 迅速转换：能将抽象概念迅速转化为实际产品。

利用创造力其实是将潜能转化为动能的过程，潜能是储存备用的能量，动能则更侧重于付诸行动。努斯鲍姆所概括的前两种能力是为了扩充我们的创造力储量，后三种则是为了将调动储蓄的能量创造出新生事物。

很多人都曾尝试过一些调动能量的方法，其中比如随手记下灵感乍现的想法，然后腾出一段特定的时间梳理这些笔记。虽然这些建议没什么不对，但这种静态性直线条的步骤却和大脑创造性思维时的运转方式相违背。用努斯鲍姆的话来说，我们应该通过加深对创造行为的理解来提高我们的创意智商，这样我们就能够配合大脑运作而非与其背道而驰。

有两个至关重要的因素深刻地影响着创造行为却被一直误解，那就是竞争与限定。它们在商业领域客观存在，却被有时处在弱势或忧虑之下的我们极力抗拒。但如果换种角度，这两种因素其实是激发创造行为的恩物，能使我们头脑愈发清醒分清轻重缓急。

当我们考虑如何能让事业更上一层楼时，第一反应就是最好竞争对手通通垮台。但从全局来看，竞争推动创新。我们之所以想要不断改进自己的“一招鲜”，很大程度上因为我们知道竞争对手也在以同样的思路夜以继日。如同竞技赛场上，是强劲的对手让我们时刻牢记“逆水行舟，不进则退”。

遗憾的是，每当从事有关创造的工作时，我们好像总觉得世界上的创意有限，因而显得神神秘秘。对自己的想法过度保护导致我们很难从外界获取必要的反馈从而进一步改进观点。尤其是在大公司，此类“竞争”不仅存在于个人之间也会扩展到部门之间。如果开会期间一个人提出的想法后来被他人拿去实施，原创者很难不产生类似于嫉妒或愤怒的情绪。但其实从整个公司的利益出发，创意不管是谁提出的，最终还是为“我”所用了。

近日一篇发表在《应用心理学》杂志上的研究表明，公司文化中如果包含对创意的占有欲，则会产生一定的消极影响。而个人的创意占有欲也会使得周围人对其观点噤若寒蝉。如果想要带领创新团队高效工作，领导者需要让成员更关注整体产出而非个人满足感，整个团队也需要营造精诚合作乐于分享的氛围。确保每个部门的员工都能为推动创新出一份力，无论是在哪一个环节的创新。同样，在不影响大方向的情况下，适当设立一些激励措施。如果他人的想法由你来实施，记得回报，对首创者给予肯定与赞扬，这是他们应得的。

最后需要提出的一点是，能够有效利用创造力的人从不花时间和精力担心有人会盗取他们的想法，因为在他们看来，创意不会穷尽，自然也没有枯竭的那一天。他们相信无论过去还是将来我们可以萌生的新想法都能源源不断涌现出来。

对于许多具有创新想法的公司来说，竞争对手的意义不仅仅在于迫使自我改进，还在于为他们提供灵感线索。这些密切关注着竞争对手的动态，并不断思考能否在此基础上做得更好。这种“拿来主义式”的创新也许看起来不如“无中生有”高级，但消费者和创新者从中获益却基本别无二致。

限定的优点同样长久被人误解。无论是经济、人员还是客观条件的限制。自由和创意其实有时相互矛盾。一方面来说，只有当我们感觉心理、情感，以及思维上全然放松时，我们才能任想象驰骋，从而创造出一些新的东西。我们之前也讨论过，恐惧、压力、沮丧等紧张情绪是创造的大敌。但其实脑中一片空白也未必利于创造力发挥。

我们在第一章曾谈到过头脑风暴，这个方法的缺点之一就是对于大家提出的某些想法不能很好地界定其可行的范围。“古怪”与“新奇”并非同种概念。即便是艺术家、作家、诗人、音乐家也需要对自己所创造的作品设定一个大致的范围才能集中精力工作。

试想一下，如果一位作家被告知需要写一本原创小说但除此之外没有任何其他信息，这种缺少细节的限定能够成就一部伟大的作品吗？这样做的结果很可能导致他在电脑前呆坐许久却始终无从下手。相反，如果加上几个条件进度也许就会大大加快。比如故事是爱情小说还是推理小说，里面需要添加战争元素还是绑架事件。其实大多数人倘若在刚一着手就有了一定的限制条件，反而可以最大程度地发挥创造力。

帕特里夏·斯托克斯在《限制成就创新：突破背后的心理》一书中重点强调四种限制条件，即：领域限制、认知限制、变量限制以及才能限制。在她看来，如果能够合理利用这四种限定，不但不会阻止创造力反而能够有效促进。所谓的领域限定，就是你的知识和专业技能在这一范围内能够更好地发挥，认知限制跟人们的理解能力相关。如果一项产品或者营销策略让人摸不着头脑，即便再才华横溢也没有利用的价值。

变量限制通常与客观现状中所存在的挑战相关。古罗马人中虽然能工巧匠辈出，但开拓创造者寥寥，原因之一就是奴隶制的存在免除了他们对劳动力不足的担忧。而相反，黑死病后欧洲机器发明一度盛行就是病毒肆虐导致人手严重不足的结果。按斯托克斯博士所说，我们越频繁地遭遇挑战，就越懂得如何变通。发明源于需求，败于满足。

才能限制就很好理解了。如果你不懂乐谱很难写出交响乐，不善高数自然也无法设计出一座桥梁。这就是术业有专攻的道理。但才能限制也并非大多数人理解的那么肤浅，下一章我们将继续进行探索。

想要解决问题最重要的步骤之一就是明白当前所面临的限制。不论是产品改进、生产还是营销方面。有些短板能够克服，比如靠资本投资解决资金有限的问题。更大多数情况下，只有我们接受目前面临的条件限制才有释放创造力的可能。

美国著名音乐家杰克·怀特就曾透露过时间限制对其创作潜能的激发。“截止期限促进灵感诞生。如果时间无穷无尽，创意也将与你无缘。如果事事提前规划，日程安排得当，意外也就无从产生。正是各种各样的限制迫使我们进行创造。”无论个人还是公司都能从自我施加的限制中收益。为自己设定截止日期并严格遵守远比明日复明日更能冲破自我极限。除了时间限制还有资金限制。爱迪生就是一个很好的例证。从严格意义上来说他并非第一名发明电灯的人，只不过经过他的改良，电灯的价格大大降低从而走进了千家万户。

我曾有过一次指导一家全球零售公司首席执行官的经历。当时公司一方面面临经济危机的影响，另一方面又被“山寨”产品困扰（山寨通常是指模仿大牌又以低廉价格出售的产品）。当谈到公司未来不变革就会倒闭的命运时，我建议他采取更加大胆的行动，为部门提出更加疯狂的要求。

因此在部门员工之后进行的产品概念陈述会上，他首先肯定了大家的想法，其次要求各位在将现有预算削减一半的基础之上完成这一产品。所有人从初期的震惊中缓和下来之后，拿出了令人惊叹的方案。他们将原有模式改进为市场进入策略（go-to-market model），以一种前所未有的方式与产业新技术进行融合。随之而来的成功远远超过公司乃至产业历史上的任何一次营销所取得的成果。

推广创新结果

一旦你有了具体的想法，接下来的路要怎么走就关乎创新的形式了。如果是要发布一项新产品，那接下来首先要做的就是打造样板。这项工作需要你联手工程部、项目部甚至外部聘请自由职业者一同来完成。样板打造完成之后需要接着进行市场调研，或是就商业运作及营销进行规划。上述工作完成之后，我们就能看到具体的想法已经转化成了有型的，经得起检验的创新了。

但并非每一项创新最后都能将创造力付诸实践推广开来。例如，平板电脑发明出来以前已经在科幻场景中出现过无数次了。其中最有名的当属1968年的电影《2001太空漫游》。从20世纪90年代开始到21世纪初，无论是AT&T还是微软公司都推出过各种类型的平板电脑。但直到2001年苹果生产出来第一台iPad，平板电脑才算真正推广开来，产品应用软件及配件也发展出了相对完整的生产链。

创新能否得以推广不仅仅关乎想法是否可行，它依靠的更多是你能否围绕现有想法，获取足够多的资源，进入乃至创造新的市场甚至消费者系统。很多年前，我曾萌生过开一家主打烤土豆的快餐连锁店，你可以选择往土豆料理上浇任何调料。

毫无疑问这一想法的确具备可操作性，如果我当真行动起来就能接着去做市场调研、起草商业计划、通过贷款融资等方式筹集资本。然而我并不认为这是我推广此想法的恰当时机，即便后来类似 Hot Potato 以及 Potatopia 等土豆料理区域连锁店广受欢迎。因为当时的我并没有餐饮行业的相关背景，想要涉足这一领域的欲望也并不强烈。所以最终我并没有付诸实施。

如果我们的创意与手中现有的资源、能力、兴趣或是可以获取的帮助能够实现对接，那么推广创新就不是难题。当然，有时实现了资金支持，也并不一定意味着发展方向正确。在 1997 到 2000 年间，上亿美元投资涌入美国大大小小的新兴科技公司，其中多数即便拿到了巨额现金注入仍旧无法使得创新想法盈利，由此导致了历史上恶名远播的“科技泡沫”破裂，使得美国经济遭遇重创。

也许很多人会想，一项伟大的革新自然而然有利可图，而实际上创新所需要的能力，与使其转化为利润随后批量生产和经销所用到的技巧，是两种完全不同的概念。在一些规模较大的企业，它们是交由不同的人员和部门来完成。

将创造力加以应用通常是一项动态且充满激情的过程，而推广创新想法则需要更多的计划、考量和分析。当然还有申请专利、域名、商标、版权等一系列事情，如何处理好创新想法的知识产权问题也需要你进一步思考。如果是作家，还涉及到日后影视改编以及作品翻译成其他文字出版等。每当推出一件新产品，都要提供详细的使用说明或操作指南，为消费者提供贴心的服务。你需要设立许可制度或是与其他公司进行战略合作，以此提高产品覆盖面和市场占有率。

创造及其所能释放的能量并非令我们束手无策的随机过程，每天我们都能有意识地为大脑创造有利的外部环境，促进其创造能力的产生。我们可以利用现有条件进行研究和策划以保证创造潜力得到最大程度的激发。在下一章我们将详细叙述，如何才能保持自身现有的创造势头，并使其发挥最大功力。

YOUR CREATIVE MIND

第四章

改变，螺旋上升还是螺旋下降？

几年前，我曾受聘于一家行业领先的跨国消费品企业，公司品牌涉及家用、医疗，及个性化产品。当时的主要任务就是给一名员工伯纳多做心理辅导。这位业绩出色的市场总监当时升任北美地区总经理的位置，公司希望在他任期三年间扭转该地区营业亏损的状态。公司许诺，如果伯纳多表现突出，未来将为自己争取到高层领导的一席之地。

伯纳多满怀激情与期盼踏上了新的征程，他甚至带着写满了一笔记本的新想法等着去实现。然而两年过去，那些最初的梦想基本没有付诸实践。销量依旧停滞不前，甚至在有些领域不增反降。公司高层注意到之后，进行了经营团队的重组，将伯纳多调离了北美区的岗位。

伯纳多因此一蹶不振。事实上，他的上级并非异常不满，伯纳多调回总部后的新岗位反而拥有更多的全球决策权。但问题是，在此之前，伯纳多在事业上从来点石成金。当职业生涯的一次巨大挫折来临之际，他对自己产生了怀疑。

失败从来不是令人愉快的经历。虽然我们总是不断讲着那些励志故事，比如托马斯·爱迪生在成功改进灯泡之前失败了多少次，迈克尔·乔丹又曾错过多少发制胜投球，但我们从不希望失败降临到自己头上。如果心态足够积极，我们能将不愉快抛之脑后开始新的生活，而如果心理落差太大，我们就会产生类似伯纳多的情况，反复质疑自己的能力和贡献。

正如画家作画之时身上难免溅上颜料，具有胆识之人生活中很难不历经挫败。何况只要合理利用创造力就一定能得到最佳结果的期盼也并不现实。哪怕不能避免失败，我们也至少能够保持自己坚持创新的劲头，不因偶尔跌倒就放弃起身奔向成功。

什么是成功螺旋

塑造成功和失败并不仅仅靠我们的经历，有时还在于我们如何看待和应对这些经历。通常我们的大脑内部会根据革新过后的实际情况形成参考点。正如下图所示，成功螺旋始于我们开始挖掘内在潜能。

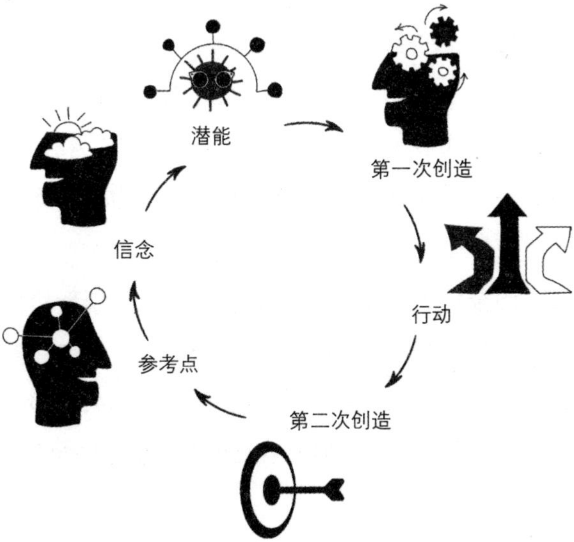

著名作家史蒂芬·柯维将创造区分为心智上的和实际中的。他将前者称为一次创造，后者称为二次创造。我们挖掘的自身潜能越多，象征着我们想法涌现的一次创造就越强大。接着我们通过行动将一次创造向代表着革新的二次创造转化。

正如之前所说，革新可能涉及各个环节，产品、服务、生产方法、营销概念等等，只要能够提升公司的竞争力都包含在内。接着我们的大脑会基于革新实施的过程产生参考点。如果二次创造能够成功，这些参考点就会强化我们自我肯定的信念，而这些信念会促使我们进一步下大力气开拓潜能，激发更多的新想法。相反，如果二次创造失败，大脑所创造的参考点则会加强我们自我设限的信念。这种信念会使得下一次的循环中我们所能挖掘的潜能大大减少。

或许我们从一些生活当中的其他例子能够更加直观地感受到何谓成功螺旋。在篮球赛场上，如果其中一个队员屡屡投中，那么整队气势都会自信且昂扬。生意场上，我们会在盈利的领域加倍投钱。如果我们在一段关系中全情投入，我们的朋友会乐于将我们介绍给更多的人。那么有关创造力的成功螺旋通常又是怎样运转的呢？

在适当的条件下，创意能够延伸和拓展。创新想法所带来的激动与自信能扩散至一同工作的每一个人。正如比赛中一个篮板球或一个触地得分所给予球员的那样。如果环境允许，创意不但能自我充电，甚至还能够点燃他人头脑中的星星之火。

创造力的成功螺旋通常这样运转。一次创造中先靠激发潜能刺激一系列独特而又真实的想法产生，随后通过二次创造使其变为现实。如果创造结果能够得以推广，许多此前从未想过的各个层面的革新也许就会随之而来，更多的人才将会加入这支队伍，毫无疑问利润也会随之倍增。这样一种循环同样能够使我们大脑形成积极的参考点，从而为未来的潜能激发打下坚实基础。如果我们明白成功螺旋循环的过程中多面临的一些挑战以及每个环节之间如何过渡。那么我们就能保证这一螺旋沿着正确的方向高速运转。

所以当面临挑战时，我们应该如何保持住创新的势头？如果你曾试图推出新产品或是采取新的营销模式，那么一定不难理解实践过程中总会碰到很难人为控制的障碍。最终，很多在一次创造中看起来绝妙的想法无法如愿坚持到二次创造，就算坚持到了也未必能成功推广。只有合理化解所面临的挫折，才能使前进的道路畅通无阻。

成功螺旋会因为各种各样的理由停转。技术问题或者误解都可能导致二次创新流产。对市场的误判以及对消费者需求的错误预期同样会有相同的结果。有些时候，竞争对手好像就是运气更好一些，哪怕技不如人。我想大概所有人都会赞同 Betamax 的产品比 VHS 质量好太多，但在 DVD 衰落以前，VHS 确实数年占领家用录像机市场。

美国总统约翰·费茨杰拉德·肯尼迪曾在猪湾入侵事件之后

说过一句至理名言:“成功的原因千千万,而失败只归咎于一点。”但有时失败真的不是因为哪一个人出错，它不过是生活当中无法避开的一个环节。而我们所能做的就是选择从中汲取积极的一面还是消极的一面。决定成功螺旋未来上升还是下降的决定因素是我们如何处理各种形式的失败。

伯纳多在北美任职期间并无过错，仅仅是消费者不买账而已。并且结合当时的实际经济形势，他的上司也明白了将伯纳多放在总部会比放在地区市场更能发挥他的价值。

在我辅导伯纳多时，他被任命掌管公司最重要的品牌之一，当时该品牌销售量持续下滑。伯纳多通过操作一些我所提供的具体技巧，开始将关注点放在那些可以强化自我肯定的信念以及增加潜能的积极参考点上，不但从此遏制住了品牌下滑趋势，还在之后彻底扭转了只降不增的局面。

通过推广这些创新想法，他吸引到了实力更强的团队，得到了研发部门的大力配合，并且与企业高管层建立了直接的联系。虽然花了一段时间，但伯纳多最终认识到了岗位变动不是在否认他的能力和价值，相反可能是他为公司做出更多贡献的契机。（在后面的章节我会讲到辅导伯纳多以及其他客户时所用到的具体技巧。）

螺旋下降

商业领域的螺旋式下降很可能引起较大动荡。比如第一章提到的博德斯集团，就是在日后逐渐落伍的商业模式中陷得太深。越是增加店面，累积的债务越多，直到最后无力回天。

成本上升的确会导致问题重重，但有时反其道而行未必能成功绕过螺旋式下降。一家中等规模的房屋中介在市场需求下降时解雇了大部分员工，只留下接待人员以节省开支。九个月后，公司迎来一笔大单，接管 30 处银行贷款抵押房。如果抓住这一机会能够抵得上公司一年的业绩。可惜由于裁员，公司已经没有能处理如此大量订单的业务员了，除非减少接管量，否则公司接不下这笔订单。

在创意实施的过程中，螺旋式下降出现与否，很大程度上取决于我们如何应对革新时那些无法避免的失败。当想法不能按照我们所预想的那样付诸实施，当我们在解决设计问题或是构思可行的商业模式时卡壳，失望甚至沮丧的情绪很难不逐一袭来。正如伯纳多在北美任职期间所感受到的那样。

如果此时你不能很好地处理这些情感，将注意力放在积极的参考点上，你就会下意识采取一些规避风险的举动。结果就是在日后实施创意时你会持续退却，想法也随之变得倾向于安全而非大胆以保证成果更容易预测和控制。安全的想法本身并无过错，只是如此一来创新模式就越来越难实现，创造力逐渐被压制直至最后完全消失。

还记得创意涌现需要靠我们脑内的化学物质平衡吗？当我们用恐慌回应失败，自然就进入了“战斗还是逃跑”的心理选择状态，大脑会自动倾向于降低风险。也许从局外人的角度来看，博德斯以及柯达在面临产业革新时依然选择退回之前的经营模式，这种行为非常不可理喻，但这就是受恐惧支配的结果。旧有模式不但轻松还能抚慰人心，而这正是充满皮质醇以及其他压力激素的大脑所需要的。

虽然有无数的名言警句在阐述失败是成功之母的道理，但重复背诵这些话无法阻止我们脑内的化学物质急剧变化，也无助于我们从积极的角度看待失败。虽然动机心理学一直致力于说服我们通过不断的自我肯定能够解决问题，但研究表明现实并没有这么简单。

相反对于那些处在沮丧和焦虑中的人，只是简单的重复自我肯定是有害无利的。研究人员声称，当这种自我肯定的论断与人潜在的自我认知相冲突时，只会加剧他们的消极观念而非促使他们加以更正或改变。这种简单粗暴的方式倡导的是否认或压制一些消极的想法，而不是坦然面对主动解决。为了避免螺旋式下降，我们一定要学会如何纠正潜在的自我认知并真正理解失败到底意味着什么。

理解并规避螺旋式下降

我们知道很多伟大的艺术家和表演家都将创造力视为一种不受约束的外力，而非与生俱来的内在能力。在他们看来这种能量取之不尽用之不竭，远远超过自身所需，他们所要做的就是敞开身心接纳这种力量，同时尽己所能扫除吸收过程当中所遇到的阻碍。

先不论每个人是如何理解创造力的，我们先仔细研究一下上述观点。首先在上一章也曾提到过，上述观点强调的是创造力掌握在我们自己手里。如果创造力源源不断地涌向我们，那么我们就不能再找类似“我的创造力不够”“我想不出什么好点子”这样的借口，而转为思考“到底是什么阻碍了创意袭来，我又该做些什么来消除这些障碍”。

我们自身特性是固定有限的还是无限可变的，这一理解上的区别将会大大影响我们的行为。斯坦福大学的一位心理学教授卡罗尔·德韦克曾花费数年研究自我认知如何影响人的成就及幸福。在她看来，如果我们认定才能、智慧、创意等品质是与生俱来一成不变的，我们就会在面临挑战以及发展机遇时退缩，相反，如果认为这些品质能够后天培养，我们就会更加努力并有效地应对挫折。德韦克将第一种认知称为“固定性思维模式”（fixed mindset），第二种则是“成长型思维模式”（growth mindset）。

德韦克教授的研究发现十分有助于解决我们应该如何看待失败。正如她在《心理定向与成功》一书中所说："在一个品质既定的世界里，成功不过是发挥自己的聪明才智。你所做的只是证明你自己。而在一个品质可变的世界里，你需要拓展自己学习新的领域。你所做的是使自己成长。如果生活在既定的世界，失败意味着面临挫折，成绩不好，输掉比赛，被炒鱿鱼，被人拒绝。这些都说明你不够聪明或是天赋不足。而在发展的世界中，失败只是还没有完全成长，还不足以匹配自己所看重的东西。这只能证明你不过尚未发挥自身的潜能。"

德韦克还指出，这种天赋与生俱来的想法对大多数人来说极富浪漫色彩，很难从潜意识中消除。自认比他人高明的确感觉良好。连影视书籍都热衷于刻画体育天才、政治领袖、艺术巨匠这些伟大人物是如何从小就出类拔萃的。虽然令人着迷，但这种想法却于我们成长无益。

因此许多所谓积极的自我肯定很可能在无意识中强化固定式思维，让我们自认天赋异禀，生而伟大。然而，如果我们接受了这一观点，失败就会成为令我们产生自我怀疑的威胁，而不是一个学习和成长的机会。正如伯纳多身上所发生的那样，仅仅因为想法没能成功推行就使得他自我认知出现了问题。

平稳过渡

在创意实施的过程中，每个环节都可能面临阻碍，但各个环节之间的过渡却往往是最大的挑战。从一次创造到二次创造，风险通常无处不在。这就需要我们决定金钱与人力的资源投入，以及在放弃之前需要做多久的尝试。过渡期不仅需要谨慎的成本收益分析，也需要果断的行动力。

为了在一次和二次创造的过渡阶段做出正确的决策，我们必须首先明白，有时无所作为的风险远远超过失败所带来的风险。当我们不能有效地将想法付诸实施，不但有可能引发下降式螺旋，而且也会使得未来所能迸发的想法大量减产。无论是单打独斗的创业者还是大型公司都是如此。

无论是密尔顿·赫尔希还是比尔·盖茨，在他们取得如今众所周知的成功之前都曾见证了自己第一次创业的失败。真正富有创新精神的企业已经在二次创造阶段形成了“尽快失败”的默契。这些公司的上级往往把失败当作成长和学习的途径，而不会从此停滞不前。因为这些人明白，想要做成一番前所未有的事业，革新过程中不可能事事如愿。

遗憾的是，许多声称要拥抱失败的公司仅仅是口头行为，实践过程中他们依然不断给自己的雇员加压，不惜一切代价避免失败，并希望以最快速度达到完美无缺的成功。而这种方法无疑是在鼓励创造捷径而不是激发革新，所获得的也只是给投资人以及高管一种看似成功的表面现象。

不久前，数字世界涌现出一批“增长黑客”（growth hacker），就是所谓利用各类复杂的数据分析来增加展品曝光率以及销量的专业人才。然而这批“黑客”所做的却是人为购买一些体现社交媒体火爆程度以及覆盖率的指标，比如粉丝数，来虚涨数据。这些手段并不新鲜，多年以来，一些作者不就是一直靠着回购自己的作品登上畅销书排行榜的吗？

但这些捷径存在的法律及道德问题，使我们忽视了它们所带来的最大隐患其实是掩盖了真相。因为购买力和参考数据体现的不仅仅是增收与否那么简单，这些数字会告诉我们客户是否确实接受了产品革新。正如罗伯·阿斯加尔在《财富》杂志中所说：“如果你真的打算接受失败并从中汲取经验，你就不会考虑走捷径，甚至还会对这种小聪明产生抗拒，因为它会干扰你判断什么是有效的，什么是无用的。”

创新型公司明白“尽快失败”并不意味着有意失败，它更倾向于在一次和二次创造中间产生一个平稳过渡，使得二次创造更加行之有效并将风险控制在可接受的范围之内。大型公司甚至还有特定部门来负责平稳过渡，因为他们能够承载偶尔的失误，以及长久之后才开始盈利的想法。对于创业者个人来说，平稳过渡的花费最好提前包含在预算当中。

“尽快失败”的另一个好处就是能让你尽快掌握数据从而

找到解决方法。爱迪生的一个著名结论就是：“我从未失败过，而是成功地发现了一万种行不通的方法。”听起来有些极端，但这就是科学实验的实施过程。如果科学家没有将不奏效的结果加以排除，那么新的药物以及其他治疗手段也不会被发明出来。

其实，第一和第二阶段之间的过渡最好被看成绝佳的试验机会，我们能够从中获得的数据不会比成功和失败带给我们的少。其中将这一新型实验做的最成功的，当属美洲杯帆船赛冠军美国甲骨文队，以及世界领先的飞机制造商空中客车公司之间的革命性合作。

即便航海和飞行是两个看起来根本不搭边的领域，空客的工程师也一直致力于帮助甲骨文队研究出一款与众不同的竞技帆船。正如公司在其官网中所声称的那样：“作为甲骨文队的官方创新合作伙伴，空客的科研专家十分乐于分享他们在空气动力学、检测仪表、模拟实验、合成材料、结构、液压系统以及数据分析等各个领域的专业知识。与此同时，在与世界顶级的帆船队合作期间，我们也从他们为捍卫冠军而采取的创新科技中获益匪浅。毕竟，在世界体育竞技中，起源于 1851 年的美洲杯帆船赛，毫无疑问是最难折下桂冠的赛事之一，也是当代最古老的赛事。

与之前的赛船相比，双方合作打造出来的新样板拥有更加坚固的主帆，与机翼类似，能实现水面上的半腾空航行，因此阻力大大减少，顺风时速度可提升两到四倍。空客对于创新结果的有效推广成功使得创意迈上前所未有的新台阶，并通过与甲骨文队的合作加速了自身的研发进程。

这就是我们优化空中客车机翼的方法……

试验和评估对于推动创新进程起着至关重要的作用。但并非所有实验都需要像甲骨文和空客一样惊天动地，它也可以是邀请客户来资助尚不完善的样板，以此还达到了共担风险的目的。

如果说保持一次创造到二次创造平稳过渡的难点在于通过大量实验及时纠正不足，那么从二次创造到潜能的再激发则需要思考如何进一步推广创造结果，而不被当前的成功冲昏头脑。只有这样上升螺旋才能被开启。

上升螺旋

每个企业开启上升螺旋的方式各有不同，但有一些条件是必备的。除却之前谈到的从积极的角度看待失败，创意实施的各个环节需要平稳过渡之外，几乎所有成功掀起革新浪潮的领导人都有着强烈的进取心以及果断的决策力。

星巴克的首席执行官霍华德·舒尔茨曾在个人传记《将心注入》中描述了在贫穷中长大的自己如何一步步努力奋斗到了大学。在他看来，工作不仅仅是提供经济保障，甚至不仅是为了他童年时期可望而不可求得财富。他想从事的是自己真心热爱并愿意去追求的。

任职于一家滴滤式咖啡机公司销售部经理的舒尔茨，最初接触星巴克是源于两家企业的贸易往来。舒尔茨在买下星巴克之后将仅有三家店面的星巴克扩展至全世界的两万一千家连锁店，而这一全球战略的灵感来源于他在意大利时看到了当地咖啡店为顾客营造了何等享受的氛围。

然而星巴克的迅速崛起及其总裁的成功并非一帆风顺。舒尔茨甚至在放开手脚做出一番事业之前，曾离开过星巴克一段时间，因为高层对他开拓全球市场的想法嗤之以鼻。舒尔茨寻求融资之路也曾崎岖不平。由于业务不断拓展，星巴克也同样面临产品质量下降、销量萎靡不前的挑战。

实际上舒尔茨还曾买下过西雅图超音速球队，后因连年亏损将其卖出，球队也不得不迁出西雅图搬到了俄克拉荷马城。但正是因为舒尔茨对事业的追求才没有使得这些失败将他置于螺旋式下降的境地。2010年他在接受《纽约时报》的采访时曾说："如果你对自己身处的行业没有百分之百的热爱，当困难袭来之时成功也可能随之远去了。"

舒尔茨还致力于将星巴克打造成为人人想来的公司，这同样是开启上升螺旋非常重要的一环，吸引并留住能够一起共事的人才。不久前，我曾和一家为知名航空公司做飞行测试的工程部门的相关领导进行了交流。该航空公司要求他的团队在飞行测试期间给机身安装上千台传感器测量风速、气压、温度等一些有关飞机性能的重要可变因素。

在试验期间，所有工程师都面临巨大的创新压力。虽然的确有一小部分人研制出了成本更加低廉的传感器，用于测量航空公司最感兴趣的几个变量，但整个部门平日里的工作氛围却十分压抑，从而导致一些能力极强的工程师在跳槽机会来临时选择了更加舒适的环境。

试想一下，倘若设计公司选择一些奖励机制鼓励员工而非用严格的期限压迫员工又会是怎样一番光景呢？需要强调的是大脑化学物质面对“获得”与“失去”将是截然不同的反应。创新型公司的老板应该明白，创造力与其他能量一样，给予更多的时间和奖赏一定会比不断加压收效更好。

另外一个确保螺旋上升的方法就是，除了坚持推广创新结果，还要不断地考虑如何开拓市场，实现多样化。2006 年迪士尼收购皮克斯，不仅使得后者有了更为充足的运营预算，也为前者公司的其他部门注入了新的活力。此后，不仅皮克斯制作的电影一如既往地成为票房保证，连其他的一些电影例如《冰雪奇缘》也屡屡在同期电影中拔得头筹。

前文提到的空客与甲骨文队的合作通过将一个领域的技术转嫁至看似不太相关的另一产业，从而掀起了一场前所未有的颠覆性革新。事实上，推广你的创新不仅可以增加收入，还能拓宽未来的无限可能。不仅仅只有在研发方面的投入能够开启螺旋式上升，上述例子中的合作同样可以，并且通过互相交流最终能够影响整个世界。

还有一些保持成功螺旋呈上升势态发展的方法：

留住创意，减少控制：通常企业收购完成之后，收购方所要做的第一件事就是重组目标公司。撤掉职能重复的岗位之后，将剩下的职员并入母公司。或是反其道而行之，随着规模的壮大招兵买马，以此扩大市场份额。而实际上，真正的创新无须有这么大的动作，哪怕新招来的人再天赋异禀也不需要。如今创新型企业在收购完成之后会给予目标公司更多的自主权。例如脸书在 2012 和 2014 年分别收购的 Instagram、WhatsApp 两家公司如今都作为独立的部门在其手下运营。

自我净化：许多教育家以及艺术家都倡导定期进行心理以及精神上的自我净化，以便为新想法腾出空间。就像是电脑硬盘需要定期清理储存新的数据。奥托·夏莫还曾提出过一种所谓的 U 型理论，他指出过去我们始终遵循的直线型方式，这样只会一遍又一遍地得到我们已知的结果。而创新的过程则是依照 U 型线路，首先需要我们潜入自己内心深处，才能带着新鲜的想法最终上浮。在夏莫看来，为了创造一个神奇的新世界，我们必须始终保持开放的心灵和自由的意志。

当然还有其他的自我净化的方法，比如有的人喜欢在日记或者录音笔上倾吐，有的人靠与他人或导师谈话，还有一些人觉得冥想十分有效。（后面的章节我也会详细讲到这一方法。）不管哪种方法，当你安静并放空自己的时候，创意自然会随之而来。

建立以事实为基础的自信：以事实为基础的自信就像练成后永不消退的肌肉，它会随着你现实成就的累积而不断增强。牢记这些履历，实际上是在为未来的成功投资。而一旦大脑进入“逃跑还是战斗”的本能选择模式，过往战胜困难的记忆很可能一笔勾销。因此好好珍藏那些克服了看似不可战胜的困难的时刻。同时在治理公司的时候好好运用这些积极参考点。以事实为基础的自信将会使你勇于做出大胆而果断的行动，从而保持螺旋上升。

有效评估：如果想要最大程度地从失败和成功中汲取经验，就需要准确判断失败和成功的根源究竟何在。只有用强烈的好奇心去挖掘并且如实记录下过程当中的发现，才能避免失误重现成功。评估一定要有清晰的标准，并且坚持一以贯之。不要停下自我评估的脚步，只有这样你才知道自己是否得到了想要的结果。

在培训高管的过程中，我们花了大量时间来研究成功案例。如果我们想要加快成功的脚步，就必须“以成功为师”。原因很简单，仅仅研究贫困人口无法了解千万富翁，想要获取健康的秘诀也不能总在疾病当中找答案。同样，想要成为成功学领域的专家，自然不能只分析失败案例。

及时纠正：评估不仅仅发生在革新之后。过程当中的评估就是为了让你尽早面对好消息和坏消息，从而及时作出回应。2008 年，星巴克在经历了奇迹般的扩张之后销量开始下滑。舒尔茨及时发现问题，并决定将美国超过 7000 家店面的营业时间缩短三个半小时，用以培训员工提升手艺。虽然从全国总体情况来看，经营状况并未好转，但销量和股票却开始强力地反弹。

培养融洽的关系：正如我们在第三章所说，功劳之争对于创新来说是致命的。因此一定要营造同心协力的氛围，人人相信劳有所得。不要让敌对的情绪蔓延，及时找出误解所在并第一时间解决。

保持成长型思维：前文已经证实，脑内化学平衡对于保持创造力至关重要。因此我们要确保自己的大脑专注于积极的参考点，理智地面对成功与失败。失败不是否认你个人价值的标志，也不能作为你思想的评判，甚至成功也不可以。两种经历都是成长、学习，历练的机会，如果你不曾尝试，就永远无法了解。因此要学会通过成功与失败积累经验。

这些技巧听上去很简单，大部分操作起来也是如此。但实现它们需要我们达到此前从未有过的自控能力，在下一章我们将谈谈如何掌控自己的思维。

Y O U R　C R E A T I V E　M I N D

第五章

创造力还是自控力?

我们对创造力最大的误解之一就在于总认为它与自控力是相对的。在小说和电影中，富有创造力的角色总被描绘成难以捉摸的怪人，随心所欲地生活，不按规律作息，行事风格永远超出社交礼仪。也许的确有一些天才符合这类形象，但这些品质并非一个富有活力与创意的大脑所需。实际上自控能力和心智锻炼才真正有助于创造力发挥及其后期运用。勇敢的大脑往往源于自控的大脑。

近代哲学家、数学家勒内·笛卡尔有句名言:“我思故我在。”真是这句话使得很多人将大脑误认为是我们精神与身体的栖居之所。其实大脑不过就是一个器官，即便是高精度的信息处理器官，那也只是我们身体的一部分。如果我们想要最大限度地发挥创造力并有效地利用创造力所释放的能量，那么最好的方法就是将大脑看作一个可以任我们支配的工具。我们心智锻炼到何种程度，对这个工具的掌控就能达到何种程度。我们对思维的掌控能力越强，就越能高效地利用它实现自己的目标。

詹姆斯·埃伦在其著作《原因与结果的法则》里写道：“人的思维就像一座花园，可以用心浇灌，也可任其生长。选择不同，结果自然不同。如果花园里没有埋下可以开花结果的种子，毫无疑问里面将会杂草丛生。”

简单来说，我们的大脑是包罗万象还是空空如也，都取决我们向里面灌输了什么。另外还有一种可能就是大脑很活跃，但产出的并不是我们想要的东西，就像花园里生命力旺盛的杂草。

正如杂草越早发现越容易被根除，那些毫无意义、漫无目的的想法只有尽早消除才不会发展成为长期容易分心。我们只有用心修建思维花园才能使其生长为我们想要的模样。

但易于分心有时并不意味着没有创新潜力，相反可能潜力还很大。美国西北大学曾在《神经心理学》杂志上发表过一篇研究，声称那些极富创造力的人，包括马塞尔·普鲁斯特以及查尔斯·达尔文等名人在内，与普通人相比都更易分心，尤其是易受声光等感官刺激因素的影响。“研究者认为，这种感官过敏性之所以会激发创造力的产生是因为它扩大了一个人的关注范围。当人们可以获取到足够多的信息时，更有可能将这些多元的信息之间建立新的联系。”

为了创造力能够达到最理想的状态，我们需要保持开放与专注之间微妙的平衡。但有过分专注会摒弃掉所有分心的可能，将注意力完全放在一个任务上，这样往往会导致注意缺陷多动障碍（ADHD）。听起来似乎有些违反常理，因为从直觉上来说注意缺陷多动障碍应该是注意力无法集中的症状。而实际上，患有此类病症的人是在努力不被注意力控制，简而言之，他们无法很好地管理自己的注意力。

如果我们诚实一点的话就会发现大多数人都需要对自己的注意力进行管控。我们有时成果丰硕，但也曾有过怀着对自己的不满结束一天的时刻。比如我们一直努力节食，但很快迎来了可以放纵的假期。再比如我们的健身项目坚持得很好，但总有意外发生使得计划被打乱。所以我们到底怎么样才能建立起一种经得起变化的自我约束制度？本章所要探讨的就是一些帮助我们专注眼前、减少分神的原则和技巧，使我们能够更好地掌控自己的思维。

四种能量

越来越多的科学家、思想家以及领袖人物认为，时间和金钱已经不是唯一能够提高效率的稀缺资源了。能量，无论是身体上、心理上、情感上甚至精神上的能量，大概才是决定我们能否充分利用创造力达到最终目的的最重要因素。掌控思维的关键首先在于有效管理上述能量。

很多人都认为类似于专注这样的技巧仅仅属于认知能力，然而越来越多的研究者开始认为人是多维度的集合，我们的精神、灵魂、思维、身体各部分紧密相连、相互影响。所以想要掌控思维就不能对其他部分放任不管。

很多古老的宗教认为精神、情感、思维、身体这四个部分也呼应了构成世界物质的土、气、水、火这四大基本元素。身体为土，情感为水，思维为气，精神为火。公元前很多人认为保持这四类元素平衡十分重要，否则就会引起注意力分散或者其他副作用。

而现如今的西方世界，正在逐渐挖掘这些古老学说中蕴含的智慧，并将他们运用到现代生活之中。在《如何实现成绩最大化》一书中，作者杰克·格勒佩尔将运动员的一些训练要求应用到了商业领域。书中详细介绍了我们应该如何储存并管理身体、情感、心理和精神能量。正如格勒佩尔所说："人是生物机体，想要生存下来需要靠睡眠、养分和活动，生存得好更需要。每个人都需要从睡眠、养分和活动中补充能量，情感、心理和精神上的恢复更需要这三大项。"

照顾好身体不仅如之前所说对创造力至关重要，对注意力和整体表现来说同样不可或缺。这就需要我们保证合理健康的饮食，确保蛋白质、碳水化合物、新鲜果蔬、坚果谷物都要均衡摄取，并且保持定期的高强度运动。除此之外格勒佩尔还提供了很多例子来说明自律对于创造力和业绩，正如对于体育比赛中的成绩一样重要。

在几十年前，世界的顶级运动员为了准备大型赛事仍然采用机械式重复的训练方式，虽然这种方法的确在一定程度上提高了运动员的表现，但它同样会导致肢体机械性劳损甚至永久性损伤，因为运动员的肌肉在训练过程中过于劳累，完全没有充足的时间恢复。而现如今的一流运动员大多采取的都是间歇训练，通过变换科目锻炼不同的肌肉群，使得机体有恢复的时间从而避免过度使用。

这一理论也可以应用至我们为了培养注意力和创造力而进

行的健身当中。我们在储蓄身体能量时所运用的技巧同样可以为储蓄精神能量提供参考。高强度训练实际上会导致我们的肌肉纤维轻微撕裂，但愈合之后，我们的肌肉会比之前更加发达。

同理，如果在神经高度紧张过后伴随一阵心理放松，我们就会发现思维将比之前更加敏捷，处理起手头的工作也更加得心应手。相比于时时刻刻精神紧绷，给心灵定期喘息的机会将取得更好的收效。同样，我们也可以选择高强度活动与较为轻松的活动交替进行。

情感能量同样会影响心理能量。如之前讨论的那样，健康的人际关系对于激发创造力益处多多。情绪管理的重要性也同样。托尼·舒尔茨和凯瑟琳·麦卡锡曾在《哈佛商业评论》中写道："当人可以有效地管理自身情绪时，能量的品质将得以提升，从而不受外界压力的影响。但在此之前一定要做一个对自身平日感受敏感的人，这样就会知道情绪对工作效率有多大的影响。"

除了冥想和深呼吸，舒尔茨和麦卡锡还建议我们经常对他人表达感激之情。可以写在便签纸上，可以通过邮件电话等方式，也可以当面倾诉。表达谢意对施受双方都会起到积极的作用。

有趣的是，注意力缺失和消极情绪是同进退的。也就是说学会情绪管理可以使人更加专注，培养注意力也能够使人心情愉悦。希瑟和德里克曾在 2001 年出版的《改变你的关注点：从培养专注到管理情绪》一书中写道："将注意力放在积极的信息上其实体现了一种情绪管理，因此支配注意力是情绪管理过程中非常重要的一环。并且，调节注意力可以通过重复训练成功培养。”

无从下手的“为什么”

我们所需要培养和关注的所谓精神能量不一定要和宗教相关，它可以简单概括为激发我们做某事的诱因。很多人平时看起来漫不经心，但在危险来临之时却无比专注，原因就是内在动机被激发了出来。例如大楼着火的时候，没人顾得上其他事，首先要做的就是安全逃生。再比如当孩子生病需要住院，没有哪位母亲还在想着没付的账单以及忘从便利店取回的牛奶。问题是，我们怎样才能在日常生活中也保持着这样的专注力呢?

随处可见的广告和网络迷因提醒我们要“明白自己为何前行”。这条劝诫提醒我们虽然在“大我”的信念鼓舞之下更容易实现目标，但通过依靠内在动机来调控注意力的过程却因人而异。我们都知道是什么原因在驱使着我们（照顾所爱的人，建立更美好的世界），但我们不知道的是哪项动机可以使我们彻底阻断分心，从而将时间按轻重缓急排序。

许多心理学家将动机分为两大类：一类是促进定向（promotion-focused），一类是预防定向（preventionfocused)。促进定向性格的人会将实现目标看作是机遇。他们更关注努力之后所获得的奖赏，面对困境也能甘之如饴。预防定向性格的人将目标看成是责任，因此会努力规避风险和麻烦。这就是我们经常听到的两种观点，“为赢而战” 和“为不失败而战”。

也许你很快就能得出促进定向性格的人更富有创造力（现实也的确如此），但我们同样也要认识到预防定向性格的人也有其自身优势，比如更加仔细和严谨。虽然后者不一定能提出很多新想法，但他们会是出色的分析者以及解决问题的专家。其实我们每个人都或多或少的两种定向性格兼备。因为促进定向通常与创意、革新相连，我们自然想要尽可能的偏向促进定向，但与此同时也不希望丧失预防定向所具备的优点。

有趣的是即便看起来略微不合情理，但现实的确是自控能力越强，越倾向于促进定向性格。特蕾西·张等人曾联合发表过一篇研究，将人的自控能力与幸福指数相连，结果表明自控能力较强的人通常具有两个特征，一是更倾向于促进定向性格，专注于事物积极的方面而行为过程中更侧重方法的另一方面；二是较少表现出预防定向性格，因而不过分担心失误，行为方式里也没有躲避倾向。

专注的敌人

诺贝尔经济学奖得主丹尼尔·卡内曼在其著作《思考，快与慢》中对动机的两面性进行了详细阐述。他提出我们最好将大脑看作由两个系统构成，系统一是我们的直觉和本能，系统二是我们的理性和考量。系统一运转迅速毫不费力，系统二运转较缓并且会耗费更多的能量。

自控能力是系统二掌管的领域，运行它是一项艰苦卓绝的工作并且会造成所谓的“自我损耗”。此处卡内曼引用了心理学家罗伊·鲍迈斯特的理论，那就是每当我们在一定的情境下进行自我控制就会造成一定的损耗，从而在面临下一项任务时自我控制的能力就会有所减弱。因此，假如我们在工作中忍住了跟同事发火的冲动，当天的节食计划很可能不会按预期完成。

卡内曼还解释道：“所谓的心理能量并不仅仅是一个抽象的概念，我们神经系统消耗的葡萄糖比身体的其他部位都要多。因此，如果你正处在艰难的认知推理过程中，或是当前的任务需要较强的自控能力，你自身的血糖含量将会下降。”

为何这两种研究会得出不同的结论？自控能力到底会增强促进定向还是会造成过分损耗？将这两种截然不同的实验放在一起就如同将苹果和橘子作比较，其实我们生活当中的一些行为所耗费的心理以及需要的自制力远非实验当中所需求的那么多。

我们大脑的自动处理往往遵循这样的定律：如果每周锻炼五次或者坚持每天早起已经变成习以为常的事情，那么对我们心理能量的需求其实并不高。例如如果一个人没有呵斥他人的习惯，自然不用花费精力控制自己不对同事大喊大叫。（那么对他来说坚持自己的节食计划就变得容易很多。）

专注的敌人是令人分心的事物，分为内在和外在两种。外在更容易被感知，例如隔壁桌嘈杂的交谈，或者屋外的电闪雷鸣。而内在的分神多存在于情感和精神上，通常是大脑中的自言自语，却足以使我们从原本对事物的期盼和激动化为恐惧和焦虑。

外在分心通常与我们大脑丘脑区域的感觉门控相关，此功能主要负责过滤掉不重要和无意义的信息。如果这个“门控”足够狭窄，即便脑内空间不足也能高效工作，因为多余的杂音已经被拒之门外。而如果一个人的“门控”开得过大，他就需要绝对安静和隔绝的状态来阅读或是完成哪怕一项简单的工作。在极端状况下，倘若一个人的感觉门控失调，则会患上自闭症或是精神分裂。

与之相对的是我们脑内的网状激活系统，或者叫丘脑外侧调节控制系统，这片区域决定我们会将注意力落在何处。这就是为什么女性在怀孕期间会发现到处都是与婴儿有关的事物。其实这些事物一直存在，只不过此前你从未注意到而已。同样是大脑的这个部位使你始终都能注意到自己孩子在哭闹，即便是在拥挤、嘈杂的屋内。在第八章我会提供给大家一些训练网状激活系统的技巧，以便控制大脑输入的信息。

内在分心更多的与我们的意识流以及内在想法相关。也许我们都曾经历过这样的感觉，当我们集中注意力完成某项任务或是深夜熟睡的时候，大脑往往飞速旋转，而如果一直处在这种紧张的状态下则会患上广泛焦虑症或是其他心理疾病。所以抑制内心的喧嚣不仅仅是为了让自己更加高产和富有创造力，也是为了自己能够更好地享受生活。

很多人选择了正念疗法（mindfulness），就是从自身的情感和想法中抽离出来，更加客观地审视自己，这样有助于缓解焦虑和紧张的情绪。除了紧急情况下每个人都能清晰思考果断决策的时候，通常焦虑和紧张与过去和未来相关。比如为什么我昨天忘了打那通电话？下个月我该怎么还房贷？而正念则鼓励人们关注当下。

正如埃克哈特·托利在《当下的力量》一书中所说："时间并不稀缺，因为它只是一种幻觉。你应该珍视的不是时间，而是跳脱出时间长河的某一点，那就是当下。这才是真正无比珍贵的。你越是将注意力放在过去或未来这样的时间长河上，你就越会忽视当下这一原本最该专注的事情。"如果将注意力转移到一些最简单基本的事情上，比如呼吸，比如手脚本能的动作，我们的焦虑以及杂乱的思绪将得到有效缓解。正念疗法不易掌握，但通过坚持不懈的练习一定会取得进步。

了解专注是何物

丹尼尔·戈尔曼在《专注：卓越的隐性驱动》一书中讲到，虽然高度的专一关注对完成某项特定任务至关重要，但却不该是一个创新领袖首要关注的目标。领导者应该培养自身的“三点聚焦”能力，也就是能同时将自己的关注点放在内心、他人以及外在上面。聚焦内心关注的是自我意识以及自我管理，聚焦他人是指关注周围人尤其是领导者做事的动机，聚焦外在则是指关注构成世界的复杂系统以及通用模式。

戈尔曼还强调个人和团体的成就，往往取决于领导者关注的落脚点，而不仅是他们的言语和指导。也就是说人们是通过观察领导者的注意力来判断事物的重要性。戈尔曼还仔细区分了被目标推着向前走，和专注于完成目标（比如增加公司的市场占有率）。倾向于后者的人会不惜一切代价来完成目标，甚至伤害他人或违背自己的道德和价值观。

就这一点戈尔曼还做了进一步阐释：“每个团队都会需要这样一个狂热分子来完成一项事关重大的目标，因为他们坚持不懈地尽善尽美，因为他们可以摒弃杂念。公司革新、高产以及增收的使命往往落在这类业绩突出的员工身上。”换句话说，一个高度专注于某项任务的创新人才（比如如何利用创造力打造新的产品样板），和一个因为过分追求利润而过度消耗员工甚至将其逼走的团队有着本质的区别。“关键在于找准平衡，知道什么时候关注度应该付出多少。”

对很多人来说，调节和增强注意力并不意味着拉长专注时限，而更侧重提高注意力效率。人生中最危险的事情不在于无法长时间地集中注意力，而是将注意力放错了地方。正如我们在上一章所说，如果你将注意力放在错误、失败以及其他消极参考点上，就会迅速形成螺旋式下降从而引发越来越多的问题。而如果将注意力放在成功上，没过多久你就会发现自己迈入了成功新阶段。在第八章我们将重点谈到想要提高专注效率需要经历哪些困难、需要具备怎样的心理韧性。

最有助于锻炼大脑专注度的方法是进行一项以正念为基础的运动。无论是一种特定的武术项目（比如跆拳道、空手道、合气道等），还是深呼吸、冥想、认知技能、专注技能、想象技能，都非常有用。拳击比赛中尤为强调的专注当下，对生活其他方面也具有重要的指导意义。正如武术界的一代传奇李小龙所说：“比赛当中的最大错误就是预测结果，你必须强迫自己忘掉成功和失败。顺其自然，才能利用武器在恰到好处时打击对方。”现实情况下，我也的确利用拳击运动以及专注当下的认知技能，帮助不少总裁以及其他公司领导在锻炼大脑注意力方面取得了成功。

而对于那些注意力难以长时间集中的人来说，解决的方法是懂得推迟满足感。斯坦福大学的心理学教授沃尔特·米歇尔曾领导一众研究者进行了著名的棉花糖实验以此测试孩子们推迟满足感的能力。研究人员给小孩子们每人发了一个棉花糖，然后将他们独自留在屋内。孩子们可以马上将棉花糖吃掉，但如果他们能够坚持到大人回来，就会被再奖励一个新的棉花糖。根据之后的跟踪调查发现，能为奖励而坚持忍耐的孩子长大之后往往具有更好的表现，比如 SAT 拿了高分，或者在学业以及职场上颇有建树。

棉花糖实验过去近 50 年后，有关大脑运作的进一步研究向我们揭示了为什么有些孩子能够坚持等到第二个奖励的棉花糖，有些孩子却不能。现代神经成像技术显示自控能力较强的人大脑前额皮质（掌管执行能力的区域）更加活跃，而对于那些自控能力相对较弱的人则是腹侧纹状体（掌管欲望的区域）更加活跃。当然，有些小孩是因为没有学会等待所必需的自控力，但有些小孩则明白如何自控但却没有这样做。

棉花糖实验并不仅仅是测试谁有毅力谁没有，米歇尔的结论也并非意志力强的孩子更易成功。研究想要说明的是，成功往往属于那些善于将注意力放在完成目标上的人。换句话说，懂得推迟满足感的孩子并不是始终盯着棉花糖，但却用钢铁般的意志抑制住想要吃它的冲动。而是他们懂得将注意力放在其他事物上，从而不一心想着棉花糖。米歇尔随后也解释道："如果你意识到意志力就是学会如何控制自己的专注点和想法，那么增强意志力就不再是难事。"

与推迟满足感相对的行为之一是拖延症，表现为屈服于眼前的诱惑而选择当下的享受，从而将那些看起来比较艰巨的任务无限推后。纽约市立大学布鲁克林学院的劳拉·雷宾、约书亚·福格尔以及凯瑟琳就执行力和拖延症的关系进行了研究。他们在报告中写道："拖延症被越来越多的人认为是自我管理的一种失败……拖延症患者……往往难以拒绝社交、娱乐以及及时满足的诱惑……他们很难有效地利用外部及内部暗示而决定何时应该开始、保持、终结目的指向性的行为。"

培养掌控思维的能力

培养掌控思维的能力有许多可以具体操作的方法：

找出无效的习惯并着手改变：习惯很难在一天甚至一个星期之内就改变。因此尽早找出它们并在潜移默化中改变会是最行之有效的方式。比如，你知道自己应该每天再早起一个小时，这样你就有更多的时间来冥想、做晨间运动、改善饮食、并且能晚上早点上床。因此你应该从现在就着手开始每天早起十分钟、试着每天多喝一杯水、每周进行三次十五分钟左右的锻炼。一周之后，将每个项目再轻微加量，例如起床和睡觉时间再提前一点，饮食中加一道沙拉，延长运动时间。或者你也可以选择其中一个习惯尝试改变，直到有了明显进步再进行下一项。记得成功之后适当奖励自己，这样才有保持下去的动力。

不要忘记培养习惯的终极目的是使其成为惯性。这样的常规行为将会减少你的能量消耗。由此可见，培养良好健康的习惯虽然在前期需要投入大量的精力，但日后在节省能量方面的收获将使你终身受益。

找出并减少让你分心的事物：这听起来容易，但实际上很多专业人士都无法成功做到。不同的人会为不同的事情分心。或许你能够在拥挤的咖啡厅里集中注意力，但却不得不远离社交媒体才不至于分心。对那些令你分心的事物保持警惕，并尽量躲避或是消除它们对你的影响。

发展一项能够集中注意力的习惯：除了定期的祷告和冥想，你也可以培养一项能够在短时间内恢复注意力的习惯。也许只是简单地闭上眼睛进行几次深呼吸，或是想象大脑突触接受新信息时的兴奋传导。每当你感到思绪游离时，就采用这些小习惯让大脑回到正轨。

找到一项适合自己的系统方法：不管是列一张清单，还是将任务写在手机备忘录或日程表上，寻找一种适合自己的系统性方法并坚持下去，定期查看清单或者应用软件，尤其是当你不知道自己应该将注意力放在何处的时候。

适当改变工作环境：从事耗费大量精力工作的人，如果定期改变一下工作环境的布置，将会大大提升自身的专注度和创造力。日复一日在同样的环境下工作的确会导致思维迟缓。试着走向室外，或是在图书馆里寻找安静的一隅，看看不同的环境能否带来不一样的工作体验。

进行注意力锻炼：正如从事肢体运动一样，一些人发现定期进行注意力锻炼也益处多多。锻炼项目可以是简单的从一百倒数到零，或者是难度大一点的解谜或数学问题。

要知道掌控思维是掌控自我中非常重要的一个部分。它更像是一种我们需要不断完善的技能，而不能企求完全达到。完善的过程中我们更能够提高自己的效率并且会过得更加幸福。古罗马哲学家西塞罗曾在几个世纪前说过："真正幸福的人能通过持之以恒和自控能力获得内心平静，从自己身上获得满足感，不被逆境击垮，不被恐惧吓退，不受贪欲的侵蚀，不在狂喜中沉沦。这才是我们一直所要追寻的智者。"

YOUR CREATIVE MIND

第六章

如何持续有效提升创造力？

神经可塑性是指大脑的结构改变。正如我们之前所说，过去科学家一致认为成年之后我们的大脑就停止生长和改变了，但随着最近几年神经科学的发展，越来越多的发现表明在我们的有生之年，大脑会一直产生新的神经元。

在我们小的时候，大脑有几十亿个神经细胞和神经元，随着年龄的增长，这些神经元每天都会发芽，从而生出上百万个突触（神经元相互连接的部分）。突触慢慢连接成网，成为储存知识和经历的地方。

如果我们总是用一块特定的网络，那么神经元便会生长得越来越密集，而在那些较少被使用的区域，神经元则会渐渐萎靡不振甚至消失，这便是我们所谓的“突触修剪”（synaptic pruning）。大多数“突触修剪”发生在我们幼年至青春期这段时间，成年之后基本上原有的突触连接会消失一半。新神经网络的不断形成，弃置网络的不断修剪，这大概就是小孩能够较快学习新生事物以及想法更具创造力的原因。

当我们长大成人，神经网络的新生会明显放缓，但却不会停止。戴维·布鲁克斯在自己所著的《社会动物》一书中说：“神经网络的敏锐性可以通过努力、实践和经历不断增强。小提琴家的大脑在控制左手的区域往往神经网络比较密集，因为在演奏过程当中，他们会经常用到这一部分。一旦网络循环建立，日后该区域被触发的可能性就大大增强。我们的神经网络里储藏了我们过往的经历，反过来也会在日后影响我们的行为。

神经元网络是决定习惯、性格、嗜好的客观印证。换句话说，我们每个人都不过是表现脑中这些网络的精神实体。”

在我们形成新网络的成年期间，大脑仍然会持续减掉那些弃之不用的部分。触发的契机通常为受伤、生病或者刺激。如果大脑因为创伤或疾病导致部分功能损坏，不仅新的神经元会生成，大脑也会进行自我重组弥补损失的功能。

例如，当一个人突然失明，大脑中掌控视觉的部分并不是就此沉寂。相反，视皮层将在这些人用手指“阅读”盲文时开始激活。这种“电路重组”功能就好比汽车在运行过程中如果遇到道路封锁会自行绕路。

同时，神经系统在受伤之后的自我修复功能远比我们之前想象的要强大。在二十世纪七八十年代，以饰演“超人”形象而走红的克里斯托弗・里夫不幸于 1995 年意外坠马，摔伤两节颈椎，导致脖子以下左半身瘫痪。虽然脊髓并未完全受损，但里夫的伤势仍很严重，甚至医生都对他的身体恢复知觉或是能够移动不抱希望。在没有呼吸机的帮助就不能喘息的情况下，他还能活着送到医院已经是个奇迹了。

即便出院之后瘫痪依旧未愈，里夫仍立刻开始了康复治疗。他坚持不懈地与伤病做斗争，丝毫不顾医生早已下过的诊断。里夫甚至尝试采用硬脑膜刺激疗法，通过特制机器，用电脉冲刺激躯体肌肉，以此鼓励大脑向身体瘫痪部位释放和接收信号。虽然里夫在 2004 年不幸因心脏病突发离世，但医生却在他的疗法实验基础上取得了重大进展。里夫逝世十年后，四位瘫痪患者不仅能够进行腿部移动和站立，肠、膀胱以及性功能也得以恢复。这一切都多亏当初里夫的硬脑膜刺激疗法。

神经系统的再造功能及其对于伤病治疗的指导意义目前我们只探索了一小部分。神经生长因子（NGF）是由身体产生的一小部分蛋白质，能够刺激神经生长，如今被广泛用于阿尔兹海默等老年痴呆病症的治疗实验，研究潜力巨大。

成年人的大脑如同青少年时期一样，随着外界刺激以及主动求变而不断生长、适应。大脑的转变可以是积极的（比如学会某项新技能），也可能是消极的（比如染上不良嗜好）。但很少有人懂得抓住这个机会促进大脑发展。

所以我们应该如何有效利用大脑的神经可塑性来提高效率增强创造力呢？鼓励大脑神经路径新建和修剪有许多方法，但它们不会立刻见效，关键在于我们需要经常性地使用以保证效果的最大化。

可能与确信

医生对克里斯托弗·里夫的诊断基于当时全部的已知信息，但里夫的决不放弃使康复成为可能。无数研究证明，已知的病例只能在一定程度上预测事故或重大疾病的药物疗效，而我们的信念将在很大程度上决定自己的命运。心怀希望的病人往往比处在绝望之中活得更长久，即便确诊结果没有差别。

我的同事史蒂夫在三十出头就不幸遭遇车祸，医生诊断他很可能再也不能行走，说话能力严重受损，继续从事法律相关的工作更是基本没有可能。但当史蒂夫从三个星期的昏迷中醒来，他的父亲并没有选择将实情告知。

只是告诉史蒂夫康复会是一个漫长和艰辛的过程，有许多工作要做，但他终究会好起来。我们说过，希望和积极的暗示与痛苦和绝望相比能使大脑产生完全不同的化学反应。三年后，史蒂夫回到了原来的工作岗位。虽然语言障碍迟迟不能恢复影响了他的案件准备，但史蒂夫没有紧盯着这些自己改变不了的事实，而是在新岗位上做得如鱼得水，并且快速升职。

如今，史蒂夫所领导的律所蒸蒸日上、颇具声望，业务遍及全国。他的语言功能障碍几乎完全消失，并且走起路来几乎看不出与常人有异。他将自己奇迹般的康复归功于希望与乐观，以及早前几个月这一重要时期的信念支持。史蒂夫的事例也证实了信念的重要性。

那么信念可以促进大脑“电路重组”以此激发生产力和创造力吗？我们在第四章提到的卡罗尔·德韦克所做的实验证明答案是肯定的，而且效果将会非常显著。德韦克研究的关键就是坚信自己有可塑造性（就是第四章提到的成长性思维），无论是运动、智力、艺术哪方面的可塑性，都对保持学习性行为十分重要。

德韦克教授十分清楚这一研究发现的价值，因此她创设了一门名为大脑学（Brainology）的课程，“帮助学生明白自己能够掌控大脑并促进其发展”。学生在课程当中将会了解到当他们学习的时候大脑新的神经元网络如何形成的，然后他们会意识到大脑就像肌肉一样，越锻炼越强壮（越聪明）。根据该门课程的后台数据显示，这种成长性思维模式的训练不但能够激发动力创造成绩，还能减少性别和种族之间在成就上的差异。2008 年，注意力缺陷障碍组织授予大脑学年度创新课程。

向运动员学习

通常顶级运动员的神经元网络都经过刻意的锻炼。他们在技巧、力量以及速度方面的突破往往违背身体常理，并且都是在极为紧张的高压竞技环境下完成。也许人们会以为是运动员比常人体格更强，速度更快、协调更好、持久力更长。但现代神经科学却揭示了原因是他们的大脑运作方式不同寻常。

卡尔·齐默曾在《发现》杂志中阐释了肢体行动背后的大脑运作过程：“大脑会首先设定一个目标，然后计算完成目标的最佳路径。”从我们穿上袜子到跑完一英里的过程当中，大脑时时刻刻都在计算哪块肌肉需要收缩，哪块肌肉需要放松才能更好地完成跑步。“运动员的表现之所以优于我们是因为他们的大脑能够找到更佳的路径。”齐默随后引用了罗马第一大学克劳迪奥·德尔·佩尔西奥所做的实验。德尔·佩尔西奥分别测试了运动员和普通人休息以及活动中的脑电波，虽然看起来有点违背常理，但他却发现运动员较普通人无论是在静止还是运动中脑电波的活跃度都更低。

齐默在文章当中写道：“在德尔·佩尔西奥看来，运动员脑电波活跃度较低的原因是其效率高，所以他们可以调动较少的神经来达到想要的结果。实验结果说明，大脑效率越高，运动当中表现就越出色。德尔·佩尔西奥还进一步解释说当我们学习新东西时，脑中执行功能部分（前额皮质）非常活跃。一旦我们熟练掌握了某项活动，这一部分相对就安静了不少。而运动员在进行擅长的运动时，比如射击项目中的瞄准靶心，大脑的前额皮质几乎没有波动。”

实况转播时讲解员总会提到花样滑冰或者体操运动员完成的动作无懈可击但又毫不费力。其实并非这些人的能力与生俱来（事实上没有人天生就会冰上三周跳或是两圈前空翻），而是因为这些技巧他们练习了太多次，才能驾轻就熟。在大型赛事开始之前，他们早已将这些日常训练重复了无数次以保持身心都能维持在最佳状态迎接比赛。

肢体重复只是这些顶级运动员熟能生巧的方式之一，越来越多的运动员开始用想象法或者“脑中动作重复”的方法来训练。世界上率先谈论想象法的职业运动员之一杰克·尼克劳斯曾经说过一段非常有名的话：“无论哪一次击球，即便是在练习中，我也会事先在脑中勾勒出一幅清晰的画面。首先我会想象出高尔夫球停留的位置，洁白又漂亮的球体坐落在碧绿草坪上。随后场景迅速变化，我看到球向我所希望的位置飞了出去，我能想象出它的线路、轨迹和形状，甚至它落地的样子。接着脑中画面淡去，下一个场景就是我挥舞着球杆使之前的一切变成了现实。”

如果你留心的话会发现，橄榄球比赛的开球手在踢球之前，篮球运动员在罚球前，乒乓球手在发球前都会预先在脑中进行想象。这些技巧十分奏效，因为我们大脑对图片的反应十分强烈，即便这些图片是我们想象出来的而不是眼睛看到的。如果我们能够恰当地运用这些图像（或者脑内运动），就能够刺激大脑的“电路重组”从而改变我们的行为。

杰夫瑞·科尔文在《哪来的天才：练习中的平凡与伟大》一书中解释了我们的大脑会将面临挑战的级别分为三个“区”：舒适区、学习区、恐慌区。让一个六年级的学生上算数课他可能会觉得无聊，但放到微积分课堂也肯定会被吓到。而初等代数的难度则刚好能最大程度激活他的学习区域。

在科尔文看来，利用好每一次学习的关键在于有意识或者“有计划性”的练习。世界顶级运动员和知名音乐家并不是简单地固定一周练习多少小时，这些练习都经过了教练和老师精心设计，确保他们能在过程中取得不断进步，最终目的则是为了在特定的比赛中发挥出最佳状态。有计划性的练习适用于各个场合，准备演讲、营销规划等，不管哪种情况，整体设计和专业人士的领导是必不可少的因素。

应用神经可塑性的技巧

大多数顶级运动所用的想象法只是其中之一，它能够增强我们的生产力和创造力。另外一个我教给客户的重要方法就是以全神贯注的冥想开始新的一天。我告诉他们在这个时候要在脑中过一遍今天所要完成任务的细节，以及需要联系的人。

这一技巧是为了达成几个目的。首先，这就像是一次心理预演，能够为大脑面对即将到来的任务和挑战做好准备。其次，预先想象可以储存脑力以为将来的创新以及其他机会使用。大家可以试想一下在熟悉的地方驾驶和开进一片完全陌生的领域会有多大不同。行驶在熟悉的道路上可以花心思思考别的事情，可以边开车边交谈，甚至听情节动人的有声书籍。相反，如果是一条全然陌生的道路，就必须集中所有注意力盯着街牌、出口还有其他路标。当你预先在脑中将这一天将要发生的事情排演一遍之后，就能用更多的精力去完成其他工作。

预先想象还有其他好处。它会使你在事情发展超出预计的时候尽快做出反应应对。并且，如果你将事情往积极方面预测，脑中就会大量分泌利于突破和创新的化学物质。提前规划好目标能够帮助你在情况不如意的时候仍然坚持前行，勇于克服一天当中可能突如其来的障碍。

这种想象法不同于运动员训练时用的特定动作回忆。其实，很多运动员都被告诫不要预想比赛的结果以防情绪波动，而专注于每个动作应该怎么做才能保持平静。运动员所用的这种特定想象法对执行具有挑战性的任务非常有利，比如面试工作或演讲（第八章还会再谈）。而与这些训练反应或者具体身体技巧不同，清晨冥想则更侧重于解放思维。

但要记住，想象需要契合实际。虽然勾勒我们最疯狂的梦境的确十分刺激，但是清晨冥想不能化为幻想。希瑟·卡佩斯和加布里埃尔·厄廷根在《实验性社会心理学》期刊上所发表的文章中称，想象再积极，如果没有根植于现实，结果很可能事与愿违。“积极幻想使人们沉浸于期待当中的未来。因为此前有研究发现，总是对未来产生不由自主幻想的人很可能最后一事无成，我们特地进行了实验证明这些幻想会对他们产生什么样的影响。结果表明，这些人之所以一事无成是因为幻想并没有使他们产生追寻美好未来的动力。”

简而言之，卡佩斯和厄廷根的实验对象在幻想当中并没有促进大脑的多巴胺分泌，为他们在现实当中努力提供动机。想象法如果要达到效果就必须着眼于过程而不是结果。比起成日幻想公司市场份额大大提升，自己终于可以坐着私人飞机到处旅行，不如将关注点放在想象自己怎样一步步完成每天的工作，并靠着日积月累最终扩大了公司市场份额。同时，你还要对自己可能碰到的困难有一定预期，并且考虑如果遇到应该如何解决。想象自己以平静但自信的态度去面对，这样当困难真正来临的时候，你就会觉得自己事先早有准备，而不至于手忙脚乱。

或者试着用用德韦克的大脑学课程中的方法，想象每次在你完成任务之后大脑都会形成新的突触连接。这一方式对于完成那些极度费脑的任务非常有用，比如不易理解的书籍，难以攻克的挑战等。通过想象你将更多地关注任务潜在的好处，而不仅仅是难度有多大。

第三章我们提到的唤醒创造力的技巧同样适用于促进大脑的神经可塑性。充足睡眠、定期锻炼、健康饮食、学习一样乐器，尝试新事物、迎接挑战等等都将促使大脑形成新的神经网络，增强有益部分，修剪效率低下部分。

除了冥想，浸润法也可以迫使大脑放弃选择较为“容易”的选项进行快速的自我重组。总体来说大脑有些懒惰，大部分时候它都在储藏能量除非我们迫使它释放。储藏也有好处，我们的祖先就是靠着这些能量躲避猛兽并在夜间捕食。但这种方式会加剧我们择易而行的趋势，与突破和创新思维渐行渐远。

浸润法最直接的例证就是通过旅居一个国家来学习他们的语言。也许你学了几年汉语普通话却从未亲口讲过或者完全理解，但假如你到北京在当地人中间待上六个月，大脑除了熟悉这种语言之外别无他法，听说母语这个更容易的选项自然就被排除在外了。

体验派演员用到的表现方法就是浸润法的一种，从而一段较长的时间内彻底融入角色。通过体验角色动机与情感建立更深层的联系。虽然这并非展现完美演技的唯一方式，但由此我们可知浸润法能够帮助我们从另一个角度体验与思考。

高强度训练同样能使大脑在相对较短的时间里迅速完成“电路重组”。例如美国海军陆战队的新兵训练，通常又称为集中训练营（boot camp），会对新兵进行十三周残酷的考验，他们的身心都将接受巨大的挑战。但那些成功坚持下来的队员将彻底被改变，如此一来他们不但能够准备好接受服役期间遇到的任何困难，他们平日里的姿态、习惯、态度也将与以往不同。这种高强度训练通常也用于医治治疗中心的药物滥用以及强迫行为病症。为了帮助病人彻底克服根植已久的行为方式，他们将被放置在新的环境中适应一套完全不同的日常习惯。

应用神经可塑性同样可以通过利用镜像神经元的特质来促进大脑生长和学习。尽管有关镜像神经元的研究理论，已经在二十年前通过帕尔玛大学的猴子实验有了重大发展，但如今仍是极富争议的话题。一些人为镜像神经元的发现而欣喜，认为它们揭示了人之所以为人的奥秘，另一些人则不以为然。

不管怎么说我们所知的是，当看到他人做某件事情的时候，我们大脑的相应区域也将受到刺激，只不过不如我们自己来做这件事时那样强烈。这种情况十分常见，当我们看到他人受伤时同情心会随之袭来，当看到电影里有情人终成眷属的结局时，一股暖意也会涌上我们心头。我们还看到无数牙牙学语的小孩模仿大人和哥哥姐姐的样子，我们理所当然地认为这就是他们学习的一部分。

从我们对神经元现有的知识能得出两个直接信息。第一，我们的大脑和行为受周围人的影响。运动员如果和高水平的人一起比拼或训练，那么能力也将得到快速提升。音乐家的演奏同理。智力和创新方面的突破也是这样。如果你多花些时间和一些能力高于你的人接触，那么最后你的能力一定会得到延展和提升。

第二条信息是戴维·布鲁克斯曾经说的："心灵之间可以相互渗透。大脑之间存在循环。同样的思想和情感可以产生于不同的心灵，因为有看不见的网络将它们连接。"虽然镜像神经元依旧神秘，但它也使我们开始思考，与我们相连的是谁的心灵？

找到平衡

如果本书你已经坚持读到了这里，那么相信你一定是一个动力十足，具有活力的人。我明白，因为我是这样的，我所训练的大部分学员也是这样。但我们所有人都需要学会平衡自己的生活，不能时时刻刻都沉浸在野心之中对成功无限追逐。曾经对成就的过于迷恋使得很多聪明人回首往日时陷入了深深的懊悔。

丝毫没有停歇的运转同样会使得我们耗尽体力和精力。如果我们日复一日地早起，不分白天黑夜地劳作，我们的大脑和身体就得不到应有的高质量休息，创造力也将因此而衰竭。睡眠不仅为身体健康提供必要保障，也是提高学习能力和记忆力的前提。大脑通过应用神经可塑性达成的改变需要靠睡眠来稳固。

比约恩·拉施和简·博恩两位研究人员曾说："新的发现将睡眠定义为大脑巩固记忆力的最佳时机，与之相对，大脑清醒时则是记忆编码存储的最佳时机。记忆巩固靠的是将最近刚刚解码的记忆表征进行再激活，这一过程发生在慢波睡眠阶段（SWS），然后将这些记忆表征进行整合，从而转化为长期记忆。"如果没有良好的睡眠，我们在清醒时所做出的努力，将很难得到最大程度的利用。

很多医生都认为要保证高质量的睡眠需要靠好的睡眠习惯，这样才能维持白天最大程度的思维敏捷以及工作高效。如果你总是难以入眠，夜晚也很清醒，并且经常打鼾，你就要重新考虑一下自己的睡眠习惯了。良好睡眠的养成需要尽量在睡前远离咖啡、酒精以及食物，并且起床时间相对固定。许多睡眠专家也建议尽量不要在床上看电视或者工作，这样有利于营造轻松的氛围和睡意。白天保证一定时间的自然光照以及充足的运动也有利于养成良好的睡眠习惯。

此外，如果你打鼾严重，或者有夜间呼吸暂停的情况，则需要去医院检查是否患上了睡眠呼吸暂停综合征。此类病症很容易被忽视但却是白天思维迟缓一个非常重要的原因。睡眠呼吸暂停同样会导致心脏负荷过重，如果不及时医治可能会有致命的危险。

最后，一些简单又省时的睡前习惯也可能会使你受益。为了保证高质量休息，在上床之前需要保证心情舒畅。实现这一状态的方式就是入睡前回想一下今天发生的所有值得感激的事情。正如前面所说，感激之情能够平衡我们的野心和欲望，提醒我们现在已经拥有了很多。一篇发表在 2009 年《身心研究期刊》上面的文章声称，经常表达感激的人在夜间通常有较高质量的睡眠。

创意和灵感通常在睡梦中拜访我们。醒来的时候或许还记得，但如果不立刻写下来很快就会忘记。因此最好在床边放上一叠纸或者白板，记录下这些偶然的想法。

如果早晨起来感到精神饱满、活力十足，那么证明你的大脑和身体都在前一晚的睡眠中得到了充足的养分。这是为高产且富有创造力的一天做的最充分的准备。因此，如果想让白天大脑好好工作，晚上一定要用香甜的睡眠来犒劳它。

本章我们对大脑成年之后仍然持续生长的事实做了简单的了解。随着科学的发展，神经网络在我们一生当中如何改变和发展的细节也将被逐步揭示。下一章我们将继续探索，如何恰当运用这些新的网络连接来改变我们的想法和行为。

第七章

选择颠覆思维还是选择挑战现实？

当爱因斯坦在一个世纪前发表相对论的时候，即便他本人也没有预见到这将对世界产生多么巨大的影响。爱因斯坦既非发现了一种飞蛾的新品种，也不是为恐龙灭绝的原因找到了新理论。他所做的不过是提供了一种完全不同的角度来审视当时普遍认知的现实。

虽然大部分人觉得量子物理深不可测，但爱因斯坦相关理论却是基于我们日常生活的。没有量子物理，现在全世界手机都具备的 GPS 定位功能将不可能实现。卫星传输的数据极其精准，靠的就是每 2000 万年才误差 1 秒的原子钟。理查德・格雷和亚历山德拉・吉诺瓦曾做过相关研究："因为卫星是相对于地球不断运动，所以爱因斯坦的相对论可能产生的影响也必须考虑在内。原子钟的精确度可以满足卫星 GPS 定位技术的需求，也弥补了相对论可能产生的误差，从而使得位置更加准确。"

改变观念还是改变现实?

爱因斯坦和其他量子物理先驱所做的，并不是简单粗暴地推翻前任科学家的成就。相反，这些人能够从宇宙的各类现象中发现牛顿物理学解释不了的线索。这一发现引起了他们的好奇，从而开始了更为深入的探索。其他人也通过他们的探索看到了

"新"事实。

人们总爱将人脑比作电脑，通过感官收集万千数据，再用处理的结果观察周围的世界。这一类比在某种程度上是对的，但实际上我们的大脑远比笔记本电脑复杂得多。大脑不但接受信息，还能迅速解读，使我们理解周遭事物并且明白应该如何应对。比如，我们不单单能够判断接近自己的物体的大小和速度，还能通过这些信息快速判断这一物体是否会对我们产生威胁。然后，只需十亿分之几秒，大脑就能支配身体决定避开还是抓住这一物体。

但并非每个人都以同样方式看待客观条件。我们大概都听到过运动员声称比赛最激烈的时候他们眼中的周遭的事物似乎都发生了变化。篮球运动员在状态极佳的时候，篮网似乎都比平时要宽，棒球运动员打得顺手时，球看起来也比平时大。尽管这些言论听起来像在感情用事，似乎不可思议，但普渡大学的两位心理学家却通过下列实验证明事情并非那么简单。

研究人员邀请了十位参与者在橄榄球场上用比例模型测试十码线外球门柱和横梁的高度以及宽度。然后给这些参与者十次机会向球门射球。在最后一次射球结束后，参与者需要用同样的比例模型再次测量球门的尺寸。

在射球之前，所有参与者测试的球门尺寸一致，但那些连续射门成功的人在之后测量球门时，结果都比射不中的人量的要宽。相隔不过短短几分钟，他们的表现就改变了他们看待事实的方式。

只要大脑注意力足够集中，重塑现实并不是什么不得了的难事，你只需要找到改变观念的方式。理查德·怀斯曼在《“仿佛”定律》一书中援引了数十年的研究成果来证明我们的情感和观念受行为影响，而不是相反。比如，保持微笑会增加幸福感，而皱着眉头则会使心情变得糟糕。

怀斯曼还举了新加坡管理大学安吉拉·梁所做的两个实验，都将行为与创意输出直接联系在了一起。在其中一个实验中，参与者被分为两组，一组站在五平方英尺的盒子里，一组站在盒子外。第二个实验中，两组人一组规定走直线，另一组可以随意行走。两个实验的参与者都被要求完成一些与创造力有关的任务，结果表明站在盒子外和随意行走的人完成情况都比另一组要好。因此怀斯曼得出：“行为是否受到束缚将直接影响参与者的思维。”

颠覆思维的要诀

说到最具颠覆性思维的人，大概没有谁能比得过玛蒂·罗斯布莱特。罗斯布莱特是一名训练有素的律师，她的头衔还包括钢琴家、三项全能运动员、世界常旅客等等。她不仅发明了卫星广播，还创办了生物技术公司生产出了治疗女儿肺部疾病的救命药，当时此类病症几乎被认为是绝症。

罗斯布莱特发明卫星广播的灵感首次出现在20世纪80年代。当时在加利福尼亚大学洛杉矶分校（UCLA）就读的她休学到塞舌尔旅行，“当时有人带着罗斯布莱特参观了一个为NASA追踪卫星的空军基地，她声称就是这件事彻底触发她的思维跨越，开始想象有了卫星通信技术未来世界将会连接得多么紧密。”

从罗斯布莱特的新发现到国家卫星广播的设立用了几乎二十年的时间。20世纪90年代，罗斯布莱特创立了自己的卫星广播公司，并且开始向联邦电信委员会申请将弃置的卫星频率用于广播放送。卫星广播不同于FM和AM收听范围有限，可以覆盖到全世界。但这一计划也存在着小小的瑕疵，《纽约时报》在1992的报道中这样写道：“收听卫星广播的听众必须首先买到一个能够接收的收音机，而在当时这样的电器尚未发明出来，并且这项新技术的市场暂不明朗。所以我们并不知道卫星广播什么时候或者到底能不能开始播放。”

但这一目标实现了。当管控障碍克服之后，罗斯布莱特兼并了当时自己最大的竞争对手，建立了如今在全世界拥有上千万用户的美国天狼星卫星广播公司。令人意想不到的是，取得这些成绩之后，罗斯布莱特却转身开始探索一个完全不同的领域。受女儿患上罕见重病的影响，1996年罗斯布莱特创办了联合医疗公司。仅仅十几年的时间，这家公司就成功研制出了罕见药，不仅挽救了女儿的性命，也帮助了三万名患有同样疾病的人群。罗斯布莱特为药物治疗领域所带来的革新正如她发明的卫星广播福泽了人类。

在联合医疗公司首获成功之后，罗斯布莱特开始致力于研究人造肺，以便在必要的时候进行器官移植。她甚至还养殖了基因改造的猪进行相关移植的研究。那么这样一位极富传奇色彩的女性是如何看待自己诸多颠覆性创新的呢？

保持好奇、挑战权威、心怀善意、脚踏实地。这是罗斯布莱特所总结的创新过程中最重要的几大元素。原始的好奇心对于创意和颠覆性思维来说至关重要。只有这样，你才会不仅仅质疑现状，而是选择改变。

著名作家伊丽莎白·吉尔伯特曾说在寻找一生使命的时候要追随好奇心而不是热情。在接受《纽约杂志》采访时她曾说："热情燃烧之后容易退却，既会来也会走，而好奇心更好捕捉更容易利用。大多数时候，如果你陷入了停滞状态，不妨思考一下，难道这个世界上你真的找不到一丁点感兴趣的事物了吗？"

质疑权威通常被人误解为蔑视或是不屑一顾。然而，罗斯布莱特和很多像她一样的人所做的只是对那些掌权人的假设提出疑问。卫星广播在最开始遭受了许许多多的非议，无论是来自那些排挤竞争者的传统广播，还是来自认为新的服务无法创造市场的批评家。制药公司也认为生产针对像她女儿这类病症的罕见药很难获得收益。罗斯布莱特并没有对这些人发火，只是改变现状，证明了这些人的错误。

毫无疑问罗斯布莱特的这些壮举之中始终充满了善意。即便是研究肺部移植技术提高成功率，也不过是考虑到有一天也许自己的女儿会需要移植。还有什么创新初衷是比拯救孩童的性命更加纯粹的呢？其实，在所有为人类造福的创新中我们同样可以播撒同样的爱意，哪怕这些创新只是改进产品，或是提高生产效率。

虽然罗斯布莱特绝对称得上一位伟大的思想家，但她总是在脚踏实地地行动，不知疲倦地工作，只为将第一阶段的创意转化为第二阶段的创造力。而这些实践不但没有限制她的想象力，反而给予了她许多大胆刺激的想法，连世界上的许多革新先驱也为她叫好。罗斯布莱特的前卫想法还包括设计出一款可以承载人类记忆及经历的机器人，这样的话就能将这些信息代代相传。她认为通过这样一种方式，机器人的主人即便躯体不复存在也能继续活在世上。（听起来够颠覆吗？）

挑战现状

所以在现实中，我们到底怎么能够改变思维，距离这些颠覆性想法更进一步呢？前面我们介绍过可以通过调整生活方式培养创造力，提升多巴胺分泌水平，降低类似于皮质醇的压力激素。那么在创意实施的过程中我们又能怎样帮助大脑提出质疑，避免循规蹈矩呢？

改变大脑功能并不总是好事。脑震荡以及其他大脑创伤、药物滥用还有疾病会对大脑产生消极作用。几个世纪以来，人们一直在用迷幻剂逃避现实，或者试图从中获得灵感。不久前，甚至还有拉姆·达斯和蒂莫西·里瑞这样的人进一步推崇迷幻剂来达到神经的高度清醒。

当然，这些为改变大脑功能而采取的激进手段背后有一定的医学根据。有些人的大脑一直处于重度沮丧之中，有的人患上了创伤后压力综合征，还有的人因为药物滥用和酗酒导致大脑结构异常。因此就需要用电休克疗法（ETC），通常被称作电击疗法，来将小脉冲输送至大脑，引发短时间的痉挛。还有其他治疗方法是将磁脉冲作用于大脑表层，也是为了同样的目的。

深层脑部刺激（DBS）是另一种治疗帕金森症、强迫症还有抑郁症的方法。治疗期间，一个类似于起搏器的设备将通过手术放置在病患锁骨下方，其他一些电极会根据病症的不同放置在大脑的不同区域。锁骨下方的设备会有规律地发射电脉冲，以此起到“重置”大脑问题区域的作用。

显然，这些治疗方式都存在着不同程度的风险，并且只有在极端情况下才能使用。认知行为疗法（CBT）则是一项风险较低的干预措施，通常作用于轻微病症。而其极高的成功率也为我们提供了一种较为安全的颠覆和改变大脑结构的方式。认知行为疗法不用实施手术或服用任何化学药物，但却通过“重组”大脑有效治疗了焦虑、抑郁以及其他心理疾病，甚至还有一些慢性疼痛障碍。

我们在第三章曾说过，特定经历将触发脑内的一些想法，这些想法会进一步引发化学反应。如果我们看到一朵漂亮的花，闻到美味的食物，或者从好友那里获得了一个拥抱，我们就会产生积极的想法，多巴胺、血清素等化学物质便会急剧分泌。与之相对的是一些威胁因素会触发消极想法，类似于皮质醇等压力激素便会由此产生。对于有些人，这样的消极反馈循环的作用过于强大，以至于不管经历什么事都会多多少少触发紧张情绪，从而使大脑始终充斥着消极化学物质。

认知行为疗法使得个人能够干预这类循环，告诉他们如何以更加积极和具体的想法应对各种经历和刺激。从而抑制消极化学反应，打破循环怪圈。针对创伤后应激障碍认知行为疗法的研究证明，此类疗法的确能够引起大脑生理变化。匈牙利赛格德大学的精神病学研究院对创伤患者治疗前后分别进行了大脑磁核共振，并收集血样分析压力激素水平。结果显示，进行过认知行为疗法的患者，脑中控制情感的海马体区域扩大，压力激素水平下降。

研究带头人索博尔奇·克里认为这一结果表明："创伤患者大脑当中的结构变化，类似于海马体缩小是可逆的。认知行为疗法能够使大脑恢复正常，改善病症，促进海马体再生，使得皮质醇等压力激素达到平衡。"

培养颠覆性思维的方法

现在我们已经知道了大脑具有可塑性，并且通过类似认知行为治疗等方法能够有意识地改变大脑现状解决心理疾病、抑郁症、焦虑等问题。但是想要增强一个健康大脑的创造力和生产力，最适合改变现状的方式又是什么呢？我在培训一些个人和团队的时候曾经成功实验了一些方法。不同的方法适用于不同的人和不同的问题。

在实践这些方法之前，我会首先帮助我的客户理清需要解决的问题，以及他们想用创意达成的目标。然后根据目标、需要、喜好的不同，从在下面几种方法中选择。

集体研讨法

乔治·普林斯和威廉·戈登在20世纪60年代就发明了研讨法，但这些年来应用一直不够广泛。两位创始人试图通过观看上千小时的会议视频录像，找出一些会议更富有成效的原因。根据普林斯和戈登的总结，会议成功与否不取决于谁参与研讨，而取决于会议的走向以及参与者之间的关系如何。

普林斯在《哈佛商业评论》上首次发表这一方法时，总结了创意讨论会上可能会对主导人产生阻碍的四类问题：一是会议有清晰的议程却没有明确的主题，即便每个人都知道会议将涵盖哪些内容，也并不代表他们清楚更高的目标；二是领导有时会无意识地挫伤创造积极性；三是领导有时会利用自己的权威排除异见；四是大多数人对会议当中的不同意见产生本能的敌对情绪。正是由于这些障碍，大多数领导人认为开会很难激发好的想法。

普林斯提出的解决方法是让主导人通过采取不同措施来更改会议中存在的变量。“例如，创新意识较强的团队就声称，会议的主席可以使参与者的效率成倍增长。”但想要做到这样，领导者必须转变思维，“将自己看作团队的服务者，这样才能将精力投入到如何帮助大家发挥聪明才智上”。

普林斯和戈登的集体研讨法还打破了会议常规，使得参与者以一种新的方式展开交流。因为上述原因，请一个非团队参与者的局外协调人来主持会议也不失为一个明智的举措。但只要会议主导人接受过正确训练，集体研讨法就能取得有效成果。

我曾经指导过许多团队成功进行了集体研讨法的实践，从中迸发了不少影响深远的创新举措。会议开始时，我会请团队成员从一个大盒子里面挑选一样东西，盒子里面放有咖啡机、雨伞、网球等等。然后，成员需要列出四十五个与该物体有关的事项，包括：十五个物体特征，十五个潜在用途，以及这个物体的十五项感受或者可能会说的话。比如，团队选择了网球，那么特征就是圆的、绿的、有绒毛（以及其他十二个形容词）；潜在用途就是打网球、玩杂耍、按摩肌肉等等；如果它会说话，那么台词可能就是希望被多多使用之类的。

这一练习进行很快，一旦完成，团队会被要求将刚刚的答案与当前所面临的问题联系起来，创新解决方法，不管是设计一项新产品，开发一项新的服务，还是拓展新的营销方式。如果将网球和产品或营销相结合，团队则可能考虑，“圆形解决方案应该是什么样？有没有什么绿色解决方式？”

这个方法一次又一次地为我所指导的团队带来了意料不到的收获，甚至包括帮助一家大型消费品公司重塑自身品牌，拓展了产品的国际市场。这一过程中所得的灵感无法通过其他方式被激发，并不是真的因为网球和某一产品具有特定的联系，只不过因为迫使大脑将这两种看似毫无联系物体相连能够促使大脑抛弃旧有连接，形成新的网络，这样人们对改变就不会那么抗拒，对新的想法也会更加包容。

针对随机选出物体特性、功能以及假设“灵魂”的研究也使我们有机会进入创造者的思维模式，看看他们是如何利用现有这些极端抽象但又非常实际的条件进行创造。当我们创造某样东西时，我们赋予它特质及功能，并且在某种程度上体现了我们自身的一部分精神。真正的创造人全身心热爱自己的作品，也正是源于这种热爱，才使他们有了创作的动力。

2004年1月，美国国家航空航天局将“精神号”和“机遇号”探测器发送至火星。甫一到达，这两枚探测器即开始向创造者发回数据。这些重要的信息包括几十亿年前火星上可能存在液态水。当这两枚探测器最终停止工作，创造者的悲伤也难以言喻。

“我们对这两枚探测器怀有很深的感情，它俩是太阳系里最可爱的小东西。它们是那么美，在火星表面完成了一项又一项任务，我们真的感到非常骄傲，根本离不开它们。”该项目的负责人约翰·卡拉斯这样解释道。

集体研讨法之所以奏效还因为其过程非常有意思。所花时间不长，所以不用担心时间浪费。研讨能够帮助成员释放出脑内多巴胺，让每一个人都用与往常稍稍不同的方式来思考，最终的结果将集在场所有人之大成。

案例分析法

很多领域的专业人士都要靠着假设场景来不断精进手艺。律师参与模拟审判，医生需要靠着之前的病例对病人的症状做出诊断，第一反应人则经历了各类灾难的无数急救演习，这些情景能为实践参与者创造一个风险较低的环境，这样当真实事件发生时，他们才能有备而来。

像这样的案例分析对于创新领袖来说也同样十分重要。不久前，我在一所大学举办的创新论坛上领导了分会场讨论。我们将与会学生分为几个小组，然后分给每一组一个知名公司曾经处理过的真实营销案例。其中包括 2001 年可口可乐公司作为非洲最大的私营企业，决定利用自己的营销网络，宣传抵抗 HIV 病毒。另外一个案例是 MTV 试图在 2007 年扩大中东市场，尽管该地区在价值观以及电视节目审核上与欧美有着极大差异。

每一组都必须针对自己所面临的挑战拿出一个解决方案，然后向其他所有组进行展示。大多数组拿出的解决方案与当时这些公司的处理方式极为相近，即便略有不同，也是学生拿出的方案比原有实际情况更富创意。

案例分析价值重大，他们为学生和专业人士提供机会积累经验，树立自信。他们在接手案例时，知道这些公司都成功克服了困难，因此无论看上去多么棘手，最后也一定能找到办法。案例分析结束，无论他们再遇到真实情况下的什么问题都一定会更加的从容。

讽刺与创新

奥斯卡·王尔德有句名言，讽刺或许是最低端的幽默，但却是最高端的智慧。虽然很多人将讽刺当作一种武器来掩饰内心的脆弱，但它对于创造力来说却可能是意想不到的催化剂。一篇发表在《组织行为与人类决策过程》杂志上的研究声称，实验对象在听到一句讽刺之后创新问题解决方法的能力将比听到一句良言增强三倍。

为了更好地利用讽刺激发自己和他人的创造力，我们必须首先避开愤怒、侮辱以及防御型的讽刺。对提出有建设性意见的人回以讽刺只会挑起冲突。但假如双方是相互信任的关系，一句玩笑性质的调侃则会产生完全不同的效果。在这么多年培训高管期间，我就曾运用调侃不但打破了高度紧张的僵局，还促使团队和个人萌生了许多创新想法。

在研究讽刺言论的积极作用过程中，相关人员发现讽刺能够促使大脑进行抽象思维，因为发出的言论表面含义与深层含义不尽相同。“讽刺通常包含着两种截然相反的含义，因此无论是构建讽刺言论，还是理解言论的双重含义，都需要首先分辨和调和这两层意思，这样才能保证讽刺在双方交流过程中能够起到潜在的推动作用。”换句话说，讽刺言论的发出方和接收方在这一过程中的大脑运作方式都是有利于创意产生的。

艺术性活动

一篇发表于2005年的研究文章认为，一些类似于即兴表演、画画、音乐等艺术性活动能够激发商业行为中的创造性。研究表明“这些艺术活动犹如推动公司高管展示、提高、激发创意的引擎”。虽然将一大批商业人士聚集在一起从事画画或者弹钢琴这样的艺术活动看起来已经是过时的风尚，但现在却有越来越多的公司开始进行尝试。

需要提醒的是，这类活动的目的并不在于成为艺术家或者音乐家，而是为了颠覆大脑惯有的思维模式。一些大公司包括创新巨头谷歌，都会将公司高管以及其他员工送去进行即兴表演培训，起初只是希望借助这一交流方式鼓励那些内向员工更加活跃，但最后却发现此类艺术活动能够有效促进团队的创新活力。

跟货真价实的演出一样，参与即兴表演的学员需要从观众那里接受反馈，并在培训相处期间排演出一台剧目。这一过程不但能够促进彼此交流，促进创意产生，还将提高参与者适应和主动迎接挑战的能力。平日工作里的完美主义者，虽然在校对印刷手册的最终版本时得心应手，但却很可能在无意中抹杀创意萌芽。而即兴表演则会增强人们敢于抒发己见的自信，即便这些想法异乎寻常或者不够完善。正如即兴表演指导里克·安德鲁斯所说："一个不够自信的人对团队的贡献也微乎其微，所以职业生涯很难成功。等到想法成熟再提出来是团队发展中面临的最大问题。"

我个人也曾领导过一个团队进行即兴表演培训，甚至还用上了道具和戏服。我们花了几天时间从工作中暂时脱离出来，然后梳理出当前需要解决的问题，随后通过戏剧表演的方式来分享大家的想法和观念。有时，参与者们甚至自己拍摄视频，进行音效处理和编辑等等。当然，这些活动的目的不是为了掌握这些技能，而是跳出惯有思维，唤醒创造力。

颠覆思维重塑现实不用多么惊天动地，只需要做一些与平常不同的事情。在下一章，我们将继续介绍更多方法来帮助你实现短期和长期目标。

第八章

创新者如何成长为趋势领导者?

一个富有创新意识的人如何能够成长为公司创新部门的领导呢？在此之前我们一直在关注创意背后的神经科学，以及创意过程本身的逻辑思维，并且介绍了许多拓展想象促进革新的技巧方法。从现在开始，我们将会探讨如何才能具备独特的眼光，在追寻革新的道路上鼓励并且团结身边的人。

当然领导创新团队所用到的技巧与领导其他团队并没有什么本质不同。创意领袖需要善于倾听，拥有极强的沟通技巧，和形形色色的人建立起有效联系。他们必须既是解决人又是决策者，能够有效地管控时间、金钱以及各类问题。尽量运用自身的影响力而不是施加权威来领导团队。

但领导一个创新团队更具挑战。因为领导人必须在未知领域可能面临的风险和因素中开辟出一条清晰的道路，他们必须确保每一个人的能力都能得到最大发挥，但又不至于精力耗尽。最终他们必须变中求稳，团结队伍里每一位个性鲜明的人。

局限性观念

我们之前已经提到局限性观念多是未经证实的猜想，但我们在生活当中却因为有这些潜意识的存在无法释放自己的潜能。因此团队领袖必须有效指出并解决这些不仅仅存在于自身，也可能出现在团队成员身上的观念。

局限性观念通常影响到的不光光是我们个人，更会波及团队，阻碍我们与他人的沟通。家庭、社区、公司甚至整个国家都可能因为这些局限性观念受到消极影响，因此尽早消除就显得更为重要。

害怕失败

第四章曾说到，失败是革新中不可避免的一部分，而我们如何应对失败则决定了创新过程当中我们能够生出多少动力。对于失败的恐惧是最正常的反应但却危害最大，它将悄无声息地阻碍我们的表现。对于失败的恐惧与胆大果断的行为相背离，使我们回避风险。受此类恐惧支配的领导也不可能获得他人死心塌地的追随。

但是害怕恐惧的人并不都能发现自己这一问题所在。我们通常并不知道自己正在过分焦虑自己能否成功，或者失败会不会带来灾难性后果。害怕失败有一些并不明显的症状，包括开会或是汇报之前头疼、胃疼等身体症状。害怕失败同样表现在抗拒尝试新生事物或是大事临近时的拖延症。

团体当中，失败的恐惧会令一个部门甚至整个公司拒绝创新。即便由于市场和经济转型整个公司已经到了濒临倒闭的境地，这些人依旧不思求变。并且，如果公司文化就是追求快速成功，不给新产品和服务预留充足的时间，对于失败的恐惧还将逐步加深。

害怕被拒

很多恐惧，无论是公众演说的恐惧还是对亲密关系的恐惧都可以归结到害怕被拒绝上。人是社会动物，我们都归属于某个团体，即便是十分内向的人，就算他能从自己的内心深处获取力量，也会有和他人建立关系的需求。从情感层面上来说，遭遇拒绝意味着我们不被爱或者没有价值。所以，虽然害怕被拒绝是非常私人的情感，它却会影响我们在工作中的表现，我们的创新能力，以及我们的领导才能。

许多人用逃避坦荡、诚实、脆弱的方式来应对恐惧。这不但对人际关系来说是致命的，也同样会阻碍创新行为。毕竟观念的分享会使我们变得敏感，有时如果我们的想法遭到他人或是市场的拒绝，我们很容易把这当成是对我们个人或是身份的拒绝。

一些自负的行为，例如恃强凌弱其实都是在掩饰害怕被拒绝的内心。因为极度害怕得不到他人的支持，所以首先拒绝他人。自负的领导人无法成功带领创新团队，因为对个人名誉过于看重便无法鼓励和成就他人，因为他们害怕别人终将超过自己并反过来否定自己。

受此类恐惧笼罩的团队没有人愿意主动分享新的想法，个人或是整个部门之间都在相互拆台而不是相互帮助。尤其是在公司减薪或是裁员时，这一情况尤为严重。团队成员想的都是如何保持部门预算，而不会为公司整体利益考虑。

害怕未来

我们生活的世界充满了不确定性。当我们拥有恋爱关系并且周围环境较为稳定时，我们通常对未来充满希望和期待。但如果上述条件不存在，我们就会对未来充满忧虑、沮丧甚至恐惧。无论世界是多么的难以掌控（下一章将具体谈到这一点），人类总是对自我决定权有着深切的需求。

爱德华·德西和理查德·瑞安所提出的自我决定论（SDT）更加详细地解释和论证了此类需求："只有当外部环境满足了人类自主性、能力性和归属性的需求，他们提升表现、坚持、创新等一系列行为的内在动机才会由此产生。根据自我决定论，如果外部环境在某种程度上没能满足甚至阻碍了这三种需求，那么将对人类的心理健康产生极大的危害。"

当这三种需求有所欠缺，人们的反应多种多样，但几乎没有哪种能起到积极效果。一些人开始秉持宿命论观点，相信"一切都是命中注定"的哲学。这些人会因此停止为目标以及改善生活奋斗，只关注短暂的欢愉。另一些人则开始寻求对某些能够掌控的事情施加不可理喻的控制欲，在极端情况下，这类人为了缓解精神痛苦将走上药物滥用的道路。

在团队当中，对于未来的恐慌表现在冷漠和疏离，以及高度的控制欲。这样的领导会非常关注细枝末节，甚至管控每一个向他汇报的人，并且试图掌控本不属于他领导的项目。这样的行为自然会阻碍创意，压制革新。

解决局限性

解决局限性问题在于，仅仅是明白这些观念没有益处甚至是错误的无法帮助我们改变思维和举止。特别是当这些观念长久存在于个人或团队身上，想要用正确和有益的观念来取代则需要花费更长的时间更大的精力。因此几千年来，许多人的解决方法就是祈祷和冥想。

冥想曾经一度被认为是神秘主义者以及嬉皮士的领域，现如今经过广泛研究也被发现对实践者的大脑以及整体幸福感产生积极的影响。冥想并非什么特效药，需要长时间坚持不懈的练习。这也就是说每个人都可以试着进行冥想，并不一定非要信奉某种宗教或哲学才能从冥想中受益。

哈佛大学的神经学家萨拉·拉扎尔曾通过大脑扫描结果将长期进行冥想的人和从未进行过冥想的对照组进行比对，结果发现冥想者的脑岛以及感觉区拥有更多灰质。在接受《华盛顿邮报》的采访时，她进一步解释道：“这些冥想者前脑皮层的灰质含量也很高，大脑这部分是掌管记忆和执行决策的区域。有充分证据表明，当我们年龄增大的时候，前脑皮层逐渐萎缩……在大脑的前额皮质中，50 岁冥想者的灰质与 25 岁的普通人一样多。”简单来说，冥想可以保持大脑的年轻状态。

其实无须长时间进行冥想才能看到收效。拉扎尔所做的另一个实验中，将仅仅进行了八周冥想的人与对照组进行对比。前一组实验对象的大脑在四个不同区域分别都有灰质的增加，这四个区域分别掌管学习、认知、记忆和情感。加州大学圣塔芭芭拉分校所进行的一项研究也显示冥想练习可以有效地减少分心，提高 GRE 成绩。

冥想类型

冥想有很多形式，但大致上可以分为三类：控制注意力、开放觉察、超越自我。

· 控制注意力：禅宗是控制注意力冥想最著名的表现形式，可以追溯到几个世纪之前的日本佛教。通常是一群人在一起静坐，有一名讲师来指导静坐的学员，通常要求他们专注于一样事情，比如呼吸或是公案[①]（类似于谜题），清空脑内易于分心

① 在佛教禅宗中，以似是而非的形式出的谜语，能帮助思索，同时也是获得直觉性知识的一种手段。——译者注

的事物，增强内心的平和。

· 开放觉察：正念冥想法用到的就是开放觉察，第五章也提到过。冥想者需要从自己的身体和思维中抽离开来，冷静地感受自己的呼吸、心跳、情感等等。

· 超越自我：超觉静坐（TM）是应用超越自我法的一种冥想方式，由玛哈瑞诗·玛哈士·优济（Maharishi Mahesh Yogi）从几千年前的印度教传统中汲取灵感发展而来。二十世纪五六十年代，玛哈士开始走遍世界推广这一方法并且效果显著，很多名人都是这一方式的簇拥者，包括著名的披头士乐队。超觉静坐是基于经文诵读的冥想法，学员需要在静坐过程中跟随指导者在内心反复默念。

大卫·林奇基金会的 CEO 鲍勃·罗斯会为退伍老兵和受虐者提供超觉静坐指导，在他看来超觉静坐和前两类冥想法的不同之处在于，"超觉静坐会给你一段经文，并告诉你怎样使用这段无意义的文字。活跃的大脑将因为内心的平静而渐渐缓和。超觉静坐就是靠着内心默念经文的声音使你逐渐安静，不再焦虑。"

祷告

历史上几十亿人都为着不同的目的，用不同的方式向神明祷告，无论信奉的神明是什么。一些人是在画像或雕塑面前许愿，一些人是在内心默默敬畏。无论祷告者的信仰或传统是什么，所有的祈祷中都包含着感恩和恳求，有些还怀着敬爱、崇拜、告解与悔恨。

虽然唯物主义的怀疑论者会觉得这些祷告既没有必要也毫无意义，但无论是什么人，在得知自己的不完美与宇宙万物相比根本不算什么的时候都会倍感安慰。许多没有宗教信仰的人也发现祷告是种非常有用的方法，只不过他们祈祷的对象是整个宇宙和生命，而不是哪个具体的神明。在这一过程中，他们想象自己是在对天地万物施爱，与同胞和平相处，然后向宇宙倾诉自己的需求。

祈祷使我们明白，人应该追求道德上的完美无瑕，在生命中树立更远大的目标，并且不能仅仅着眼于自身。这是我们许多人从孩童时代就秉持的信仰，也是一些人在坠入爱河或者养育子女时才明白的道理。日常祷告就是为了让我们不忘来时路，记住什么才是生命中真正重要的东西。

实践冥想与祷告

针对个人和职业技能发展的祷告冥想法不计其数。我在第六章提到的想象法基础上发展出了自己的晨间冥想法，并从这一多年的习惯中获益匪浅。我会想象自己坐在家中，然后升到屋顶，接着越来越高，我能看到我家所在的街道，城镇，佛罗里达半岛，整个地球，太阳系，银河，直至宇宙。那一刻我跳脱出了时间和空间，开始勾勒自己圆满完成了当天的每一项任务，成功进行了我所希望的沟通交流。

想象过程中我会经历几件事情。一是感受成功所带来的激动、幸福和平和。我能看到自己为了让成功变为现实，一步一步地努力：关注细节、花费精力、提高效率、良好沟通、与人为善。

当我想象完这一天要做的事情，我便开始从银河系返回，经历太阳系，星球，国家，社区，房子，最后回到自己屋中。就我个人经验来看，晨间冥想会使我接下来的一天都过得十分顺利，我所培训的学员也有类似的感觉。

另外一项促进个人和职业技能发展的方法叫作神经语言规划（NPL），由理查德·班德勒和约翰·葛林德两位教授在二十世纪七十年代发明出来，直到今天在商业领域依然备受欢迎。根据神经语言程序协会的描述："NPL 通常被认为是思维的'使用指南'……它着眼于我们的思考过程（神经），说话方式（语言），以及行为（规划），并研究这几方面的联系如何对我们个人产生积极或消极的影响。"在下一章我们还将介绍其中一项作用极大的神经语言规划方法，即神经平面匹配（NLA）。

时光机体验

创新驱动产业的领导者所面临的最大问题就是如何能够始终调动团队成员的积极性，使他们保持创造力和颠覆性思维。我们前面谈到的祷告以及冥想法只是帮助我们缓解压力、更加专注，或者实现个人职业生涯目标。即便是培训整个团队进行冥想实践，也是为了每个成员追求自己的目标。

通过借鉴神经语言规划法应用过程当中的诸多原则，我自己发展了一套时光机体验方法。这一方法能够有效结合想象法和神经语言规划法，帮助团队完成整体目标而不仅仅是成员的个人追求。时光机体验的运用背景可以是公司准备实施一项大胆的计划和策略，或者正处在应对金融危机的档口，也同样可以用于主动预测市场以及经济所面临的变化。我相信只要是拥有同一目标的集体，无论是非营利组织，经济实体，还是一个家庭，都会发现这一方法对于他们的成长和发展的价值。时光机体验总共分以下四个步骤。

准备阶段

在准备阶段，我会首先要求学员抛弃一切恐惧以及对未来的消极预测。特别是停止思考概率性事件，比如“未来会发生什么”，而转为思考可能性，“可以发生些什么”。相比于担心哪些地方会出错，更加关注哪些环节会顺利进行。局限性观念和无益情绪都要放到一边，无论是骄傲、内疚、焦虑还是防备。

团队中如果有怀疑论者也很正常，哪怕他们不明白这一练习的目的或是不确定其价值何在，只要能够真心实意的参与，都不会产生什么大的问题。练习的大部分时间需要跟随领导者的示范。如果团队成员看得出领导者确确实实在发挥作用，那么质疑便会很快消散。

驶向未来

这个阶段，我会要求团队想象着自己进入了时光机，并乘着它驶向一个大家协商好的未来时间段，通常是未来的三到五年。在这趟假设的未来旅行中，如果能加入一些场景布置那就更好了。比如将穿越的时间点放在未来某年的新年伊始，那么就可以创设出一场新年聚会。当然还有很多别的选项，所以充分发挥想象来享受这场旅行吧。

接着我会让每一个人想象，如果公司运转良好，那么在未来场景中公司应该是什么样。我会鼓励他们尽量用较为具体的标准来评价公司状况，比如公司提供什么样的产品或服务，销售、生产、营销、客户群体、物流等等都达到了什么水平。

然后，学员需要想象并细化这些评价标准。如果培训目标是较大的群体，在这一阶段，学员可以被分为几组。重要的是，相关讨论一定要在未来的背景设定下进行，每个人都必须当作自己正处在约定好的年份。相关想象描述一定要尽可能具体真实。比如有人将公司前景描绘成利润增加 10%，那么他就必须说出能够实现这一目标的可利用资源有哪些，并且得到组内其他成员的认同。

当然，有关未来的大胆假设既会令人激动，也会使人惊慌，因为伴随着巨大成功而来的往往会有新的问题和责任。较为理想的是，这两种状态在假设中得以平衡：既足够胆大富有挑战，在讨论的时间框架内也实际可操作。要知道，想象越是大胆，学员越受鼓舞。

为了保证训练成效的最大化，每个在场人员都要参与。每个人的观点都不尽相同，都会对结果做出不同的贡献。在一起探索新领域的过程中，每个人提出的问题都不同，各种各样的解决方法也会因此应运而生。

这就是未来。

回顾过去

接下来的任务是从想象当中的时间点往回推三到五年，思考一下，“为了达成这一理想结果我们做了什么？”每个人都可以基于自己在公司中的不同位置来回答这一问题。比如营销部门做了什么贡献，产品设计部又做什么，财务部门和销售部门呢？

一定要记住这一切必须在想象的时间段内进行，通常我们在计划的时候会先看现在的处境再看想要到达的未来，这一训练就是刻意打破原有思维模式。先预设成功，再向后回顾，从而制定出到达目标所需要采取的措施。

在这一阶段，大多数团队需要制定出五项最重要的措施（数量可根据具体情况变化），使公司从想象当中的过去时间点走向想象当中的未来。制定措施的方式可以多种多样。我所用到的通常是造句、讲故事、艺术化绘制甚至情景表演等方式来确定这些措施。

你可以根据公司的情况选择各职能部门分开讨论，或是各个岗位的人聚在一起汇集更多样化的想法。措施是宏观上的。不必具体到每天的细节。每一组的协调人需要确保每个成员都在积极思考，而训练项目的总负责人可以通过观察各组情况确保大家不被细节所困。

从过去规划未来不是什么魔术或噱头。只要运用得当，团队可以借此机会吸收每个团员的观念、智慧和创意并从中受益。

没有几个活动能比这一方法更易激发颠覆性突破。

回到现实

有了这些措施之后，现在领导层可以开始进一步制定具体的策略了。领导者需要确保从宏观到具体，所制定的策略切实可行。通常策略的实施周期是 12 到 18 个月。

根据每个公司的特点，制定过程也不尽相同。一些中小型企业可能拿出几项方案，而一些大型公司则会提出好几个策划，每个策划都包含着大量方案。

不管策略的规模大小，团队领导者大可自信地向前推进，因为背后还有整个公司做支持。因为实现这些策略并非自上而下地推行高层决策，而是让团体智慧的结晶得以落实。这样领导者真正是在为团队服务。正如 1969 年乔治・普林斯所倡导的那样。

在向目标行进的过程当中，进步的衡量标准也同样很重要，可以是损益评估也可以是关键绩效指标。很多公司用到的是由哈佛商学院教授罗伯特・卡普兰和大卫・诺顿所设计的平衡计分卡（Balanced Scoreboard）评价体系。因为可以用来衡量财务和非财务指标，平衡计分卡方式十分全面，毕竟公司战略进行重大调整之后可能需要花上几个月才会在财务指标上显现。

在实施过程中，计划也需要适当调整。一定会有始料未及的情况出现打乱计划或是背离初衷，但只需在既定路线的基础上暂时绕行一段即可解决问题。

时光机体验结合了书里提到的多种培养创造力的方法，促使每个人思考无限的可能而不是专注于局限带来的恐惧。如果进展顺利，每个人都能在体验当中清楚地说出自己想象的画面，在这样的场景当中他们能看到，有感觉，甚至可以拥有这样的未来。

许多作者和制片人在创作过程中都是先将结尾写好，再往回设计情节，这样故事才会按照自己预设的道路发展。因为情节复杂的故事如果结局没有了然于胸，创作过程中很可能会出现意想不到的转折，导致故事结尾不够圆满。

时光机体验用到的是同样的道理，让你首先想好公司几年之后会发展到什么程度。每个尝试过的人都觉得十分奏效，事实上已经有大量证据表明，我们本身就是在通过一个又一个的故事来了解这个世界。下一章将会谈到我们如何编写自己的故事，又能怎样写出令自己满意的结局。

第九章

什么是创造力思维模式？

1826年7月4日，美国第二任总统约翰·亚当斯和第三任总统托马斯·杰斐逊都在《独立宣言》签署五十年后的这一天逝世。传记作者B.L.雷纳曾这样描述这一事件：“历史上恐怕再也没有哪种巧合，能与此次比肩。”

对于“巧合”最直白的定义是两个以上的事件不约而同地发生，可以进一步解释为两个未经人为策划的重要事件在同一时刻发生。比如，有人发现自己怀孕了，然后又恰巧看到公司所在的这条街上多了一家孕妇用品商店。是巧合还是计划的一部分?

心理学家卡尔·荣格将这些意义相关的巧合总结成为“共时性”。荣格认为这些联系属于超自然现象，虽然许多怀疑论者并不赞同。本杰明·雷德福将针对荣格的反驳在《超自然现象的科学研究》一书中做了简单的总结：“所谓的共时性的表现其实是心理学领域非常常见的一个现象，叫作确认性偏差。我们总是更容易关注和记住支持我们理念的事物。人脑善于在模棱两可和随机事件中建立联系，总结规律。”

根据雷德福的解释，确认性偏差是我们在有意识地去寻找证实自身信念的信息，同时忽略那些与我们信念相左的证据。这就解释了在体育比赛中我们总觉得自己支持的队伍所遭的判罚都不公正，而针对对方的判罚都很合理。这也是为什么咖啡爱好者总是喜欢读到咖啡可以缓解阿尔茨海默症的文章，但却对咖啡可能引起头疼视而不见。无论年龄、种族、教育水平，或政治倾向，几乎所有人都有确认性偏差的倾向。俄亥俄州立大学 2015 年 2 月曾发表过一篇研究文章，无论民主党还是保守党，都对与其政治立场不一致的科学发现带有偏见。

由此看来，即便是再伟大的巧合也可能与确认性偏差相关，这一论断看起来并没有那么牵强。假如你想在休斯敦找工作，那么最后应聘到了休斯敦的公司你就不会觉得这是巧合，不过是你特意寻找之后的结果。同样，你发现自己怀孕之后就看到了街边的母婴用品店，很可能是因为商店一直在那里，只不过你从未注意。一旦你发现自己怀孕之后，即便你主观上并未刻意留心，你的潜意识却会主动寻找。

确认性偏差很容易招致非议，因为我们各种各样的主观臆断和偏见会因此而来。然而，大脑寻找规律以及对巧合进行解

你看，你怀孕后，每个街角都是母婴用品店。

读并不全是坏事。大脑需要弄清楚周围的世界，这样才能节省下我们的时间和精力。如果在做所有的决定之前我们都要坐下来冷静思考各项支持和反对的意见，那这一天很可能什么事都做不成。其实，一旦我们在脑中勾勒出想要完成的目标，大脑就会倾向于关注能够达成这一结果的条件。我在本章还将就这一问题进一步探讨。

构建思维模型

所以大脑是如何决定关注什么忽略什么呢？网状激活系统（RAS）通常被认为是各类感官信息进入大脑的入口，虽然网状激活系统通常作用于睡眠到觉醒的过渡，它同样可以控制我们的注意力。该系统从脑干延伸至中脑，控制我们注意或忽略各类刺激因素。

有关网状激活系统控制力的最佳体现就是，母亲能在嘈杂的人群中间分辨出自己孩子的声音，也正是这部分区域控制着你直到怀孕才注意到之前一直忽略的孕妇用品店。所以网状激活系统是如何决定哪些东西值得我们注意呢？

答案又回到了卡内曼教授提出的“两个系统”理论。系统一是我们的潜意识，运转迅速，毫不费力；系统二掌控大脑意识，运转较缓并且会耗费更多的能量。不知是好事还是坏事，我们大部分潜意识形成是在六岁之前，在这段时间里我们观察着生活中的人和周围的世界，并因此形成了理解世界如何运作的心理模式，包括身份认知、固定看法、世界观等等，当然并不是所有模式都正确且有益于我们的成长。

虽然所有思维模式都具有普适性，但其中一些更容易产出好的结果。比如卡尔和马克两人在能力方面没有什么差别。但是卡尔的父母没有上过大学，也并不在意卡尔上不上。卡尔潜意识里的思维模式就会告诉他高等教育并没有那么重要。而马克的父母都上过大学，甚至马克的妈妈还是研究生学历，马克潜意识里就会觉得高等教育非常有价值。因此虽然不一定会认真思考原因，但马克在高中学习一定会比卡尔更加努力。

为了重塑这些无益的思维模式，卡尔就需要用系统二取代系统一。首先确定哪些是无助成长的观点，然后有意识地进行改变。上一章提到的冥想、想象以及时光机体验等方法都可以使用。那么这些潜意识里的观念又是如何影响我们的创造力呢?

潜意识与创造力

虽然我们时常需要用系统二来检验系统一形成的观念和假设，在创新过程中，系统一和系统二同等重要。斯科特·巴里·考夫曼在《科学美国人》这本杂志上曾说过：“创造的整个过程，从准备到思考，启迪再到论证，都包含许多有意识或无意识的认知过程以及情感。在创作的不同阶段，根据创作目的的不同，大脑的不同区域会分别解决各类问题。”

考夫曼所提到的四个阶段是借鉴了研究者格雷厄姆·沃利斯发展的创新过程模式：

1. 准备：通过充分调研明确问题和需求。

2. 思考：认真考虑所明确的问题。

3. 启迪：大脑中出现应对需求和问题的部分或整体想法。

4. 论证：实验论证想出的解决方法是否可行。

准备、思考和启迪阶段，就是第四章成功螺旋中提到的一次创造，论证阶段则是二次创造。考夫曼还解释道，根据人类智力的双重加工理论。系统一和系统二对于智力和创造力来说都很重要。系统之间的转换靠的是任务所提出的需求。

许多作者发现在写作过程中潜意识所起到的作用远比他们之前认为的要大。现代奇幻文学之父、中土世界史的开创者J.R.R. 托尔金是虔诚的天主教徒，但最开始他并没打算写充满天主教形象和象征意义的奇幻小说。当被问到原因时，托尔金是这么解释的："毫无疑问《魔戒》是一部宗教色彩极浓的作品，最开始我并没意识到，直到回头修订时才发现……其实我本没有打算这么写，这一切都要感谢我生长的环境，从八岁起我便在信仰的滋补下成长，从宗教中了解周围事物，这是我母亲的功劳……"

爱尔兰作家约翰·伯恩的创作风格也十分随性。"我觉得自己的大部分作品都是靠潜意识来书写……通常在我开始创作的时候脑中只有一个场景或是人物，然后顺其自然地看着故事会驶向何方。"但毫无计划并不是潜意识影响创造过程的先决条件。作家米歇尔·佩沃以环环相扣的情节见长，但她同样赞同伯恩所说，"即便事先预设好了故事，真正的写作也无法规划。所有的故事都随着潜意识流出，因此过分计划是没有意义的。"

潜意识的影响不光作用于作者身上。便利贴的发明人之一亚瑟·傅莱也曾说过："我会刻意从有意识的思考中跳脱出来，将问题交给潜意识去思考，这样大脑就会放宽搜索范围，从储存的其他信息中寻找新的结合点。"潜意识里包含了我们的所有想法和经历，还有我们为了了解这个世界所构建的思维模式。

身份认知：终极思维模式

身份认知是我们潜意识里如何看待自我的思维模式。从有自我意识以来（多数心理学家认为这一渐进过程发生在一到三岁间），我们一直在试图定义自己到底是谁。人类不过就是高级动物还是拥有即便肉体消散之后也能永生的灵魂？我们究竟是被创造出来还是独立存在？人类生存的价值何在？目的又是什么？

我们对于这些问题的回答会组成一个故事。按照心理学家丹·P. 麦克亚当斯的解释，直到 20 世纪 80 年代相关研究人员才明白自我构建的“人生故事”对于理解人类行为来说具有多大价值。麦克亚当斯说我们每个人的身份都在讲述一个故事，有背景、人物、情节和主题。

“在青少年后期和青年时期，生活在现代社会的我们还是重建自己的过去，审视自己的现在，同时期待自己的未来，由此发展出了自我的故事。通过个人叙述，能从中看出我们心理社会性的发展。”

虽然这些故事大多基于现实，但场景构建却可能完全虚构。我们会记住一些成长当中发生的事情，也会遗忘掉其中一部分。我们在潜意识里已经决定了自己将在这个故事中扮演什么角色：英雄、坏蛋、受害人或是殉道者。同样也设定好了其他人的角色。

这些人物、主题、场景并非静止，通常会随着时间推移而改变。例如青春期时，我们通常将父母视为敌人，但到了成年，他们就变成了我们的英雄。但越是长大，我们就越是要将现实融入我们所创造出的那个故事，并不是因为这样会使我们开心，而是在我们的认知里这样才是正常的。我们会发现熟悉的情节令我们感到安心，即便并不是一个令人愉快的故事。

发现以及保持真我是激发个人创造和职业潜能所必经的转变。二十年前，我曾指导过一名叫作帕特丽夏的客户。她是典型的奇才，刚刚从最初级的营销岗位一跃升至该跨国制药公司斯堪的纳维亚地区的总经理。帕特丽夏是一个信心十足才华横溢的人，但不知为何就是对自己的工作不满意。和她交谈之后，我立刻判断出用哪种训练可以消除她的不满。

神经平面匹配是一项基于神经语言规划发展而来的具体训练。这一方法可以用来解释心理学家、神学家、哲学家提出的一切问题，虽然未必都能圆满解决。但神经平面匹配最终一定能够将你当前或所渴求行为与你深层次的身份进行巧妙连接。

神经平面匹配的操作基础是假设人的行为与自身的能力、价值信仰、身份认知以及目标方向所匹配。其中任何一个因素失调都会导致我们的不满、分心、压力过大甚至愤怒。当我们身心无法保持最佳状态时，行为表现也无法得到最大程度的发挥，反过来就会影响结果。很多人都清楚这点。例如任务过难或过易都会令我们感到沮丧，如果被要求做与自身信仰价值相背离的事情，我们会感到内疚。

那么如果我们背离自己的身份和目标又会发生什么呢？如果我们没有花时间认真思考自我故事中自己的身份，那么我们就会一直做着与初衷背离的事情而不自知。因此即便我们得到了一份看起来与我们相配的职业也仍会感到沮丧和不满。

通过一系列活动和问题，训练对象需要发现自己究竟是哪一方面没有匹配。我带领帕特里夏探索了各个领域，进行到身份认知有关问题时，她十分确定地告诉我自己扮演的是牧羊人。她的责任就是在生活的各个方面，工作、家庭、社会中领导和保护他人，确保他们的安全，并为他们的繁荣生长提供养分。

这是帕特里夏的转折点，突然之间，她在不同领域扮演着不同角色都能得以解释。对于身份的理解帮她认清了自己的目标，使她能够更好地分配自己的时间和精力。在我们谈话后不久，帕特里夏就成为了公司最年轻的总监，并获得了杰出领导奖。帕特里夏不仅在总监职位上表现突出，还历任公司全球各大分区要职，现在她是一家国际知名化妆品品牌的CEO。

如今，帕特里夏是一名精力充沛的领袖，总是向着更高的目标不懈追求。还有许许多多的公司领导像她一样，通过发现真我获得了成功。我不断发现我的学员，包括许多世界五百强企业的领袖，在神经平面匹配训练之后更加自信，对于信念更加坚守，并且找到了更远大的理想。他们从中得到净化，汲取力量，一些人甚至将神经平面匹配训练称为所参加过的最有意义的训练。

对于身份的确信还将帮助我们制造更多积极的巧合。如果我们明白了自己在生活故事中所扮演的角色以及所具备的能力，我们将会找更多合适的机会来匹配这一身份。就像帕特里夏认清了自己牧羊人的身份之后，就更有可能“偶遇”需要保护的羊群，一些具有同样能力的人却有可能因为不自知而对羊群视而不见。同样，一个要去蛮荒之地的“开拓者”，也很容易找到旅途所需的供给以及志同道合的伙伴。

调整预期

当你将神经平面与身份和目标匹配之后，接下来为迎接巧合所要做的就是调整预期。试想在同一家餐馆同班次工作的两位服务员，一位在起床的时候想：“我讨厌这家餐馆，来的客人都那么穷，小费从来给的不多。”另一位想的则是：“我知道客人们都不富裕，但他们一定会对我很慷慨的。”下班时，第一位服务生得到了平均 10% 的小费，第二位则得到了 16%。

也许两人都认为这一结果是巧合。尤其是消极的人从来看不到预期和结果之间存在着怎样的联系。但我们却不难看出，第一位服务员的预期影响了他的态度，很可能使他潜意识里对客人服务没那么上心，客人的小费自然也随之减少。而第二位服务员则预期客人一定会慷慨解囊，为此她一定会献上最好的服务，平均小费自然就更加可观。

当然第一位服务员也会遇到一些不在意服务仍然给予高额小费的客人，第二位服务员也会碰上服务得再好也依然吝啬的客人。但从长远来看，第二位服务员一定赚得比第二位服务员多。同样，积极预期并不总是奏效，但时间一长就能看出大多数情况下相比于消极预期还是会有更好的结果。

较高的期望并不是通往幸福生活的神奇之路，实际上不切实际的过分期望甚至会令人失望。如果第二位服务员想在客人消费二十美元的情况下拿到五十美元的小费，毫无疑问一段时间过后一定会心灰意冷。不切实际的过分期望同样会对创造力产生消极影响。托德·亨利在《偶然创意》一书中曾说根据他人的表现或能力来塑造自我预期，即便这一参照对象是励志人物，也会在无意当中阻碍我们的创造力。

“一旦我们为某个项目定下一个确切的目标，比如这次升级改造需要使我们今年业绩在去年的基础上翻一番，就会隔绝掉一部分潜在的措施和有益的想法，因为我们默认他们无法帮助我们完成预期。在创意实施过程早期，这样的做法会使得许多绝妙的想法被扼杀在萌芽状态。”

亨利还总结出了消极影响的三个主要来源：过去的工作，老板和同事，创新榜样。我们不能将新的想法与已经完成过的项目做对比，因为刚刚冒出的想法通常不够完备，我们在比较之中会选择放弃创意雏形，而不是进一步发展完善。

因此对于未来设想的构建必须要既富有挑战也切合实际，这样才能平衡预期，设想过后就需要根据所追寻的目标尽可能地寻找巧合。预期需要控制在一定的时间段内。通常我们会高估自己的短期能力，由此导致制订出不切实际的期望使我们感到沮丧；而同时又会低估自己的长期能力，从而限制了我们真正潜能的发挥。因此对于长期目标眼光要放的长远，但同时在实现目标的过程当中又要时刻牢记切合实际。下面几条指导意见可以帮助我们在平衡中积极推进。

1. 利用想象法为自己制造巧合。詹姆斯·艾伦曾在《做你想做的人》一书中提到："如果你总是反复思考某一品质，那么这一特质一定会在你身上体现出来。"我们的大脑总会不由自主地注意到周边与我们想法有关的事物。想象法练习可以使我们的大脑处于高度集中的状态。从社会心理层面来看，当我们被针扎了一下，或是看到别人被扎了一下，甚至想起自己曾经被扎了一下的经历，大脑激活的是同一片神经网络（虽然在后两种情况中活跃程度没有那么高）。

这也说明了，大脑的部分区域的确会把想象当真。结果就是我们开始以趋近于想象的状态看、听、感觉。正如当你得知自己将要为人母的时候就会发现街边的孕妇用品店，我们会下意识地寻找能够支持我们所思所想的事物。彼得·麦克威廉对这一现象有过非常巧妙的表述："想象看到的是尚不存在的虚幻梦境。想象实际上是一种视觉欺骗，然而我们总能找到一种方式将谎言变为现实。”

2. 将想象根植于现实，脚踏实地地去实现。如果你想要拥有某样事物，那么大脑就会专注于这一事物，并且过滤掉其他东西。甚至有人会说如果你想要驾驶一辆红色跑车，你就要不时在脑海里想象红色跑车的画面，这样你就会经常在路上见到红色跑车，因此你就制造了所谓的“巧合”。但如果最终，你只是局限在想象自己拥有一辆跑车，并不会使自己距离购买更进一步，因为你无法只靠想象获得相应的资金。你还需要注意身边其他相关的巧合，帮助你想出一定的方法最终能够买得起一辆跑车。这也就意味着哪怕是看似无关的巧合，也很可能会为你提供离拥有跑车更进一步的机会。

3. 制造一块梦想板。要想使潜意识能够为创造过程和职业生涯所用，我们大脑里首先要储存足够多的想法，这些文字和画面不仅仅是为了能够更好地想象，还需要切实服务于创意实施过程。一些人会选择制作一个实体或电子的布告栏，在上面添满与目标相关的文字或图片。这样潜意识就会储存这些重要的信息和机会，从而调动大脑的注意力。

4. 审视你的动机。心理学家特蕾莎·阿马比尔曾阐述过被爱和好奇驱动比金钱和名利驱动重要：“当我们被内在驱动而不是因为外部原因时，我们才会迎接工作中的挑战，享受工作当中的喜悦。工作本身就会成为我们的动力……只有工作给我们带来兴趣和满足促使我们前进，创造力才能得到最大程度的发挥，外部给我们施加的压力无法做到这一点。”如果你进行过神经平面匹配或者与其类似的训练，你就会发现自己变得动力十足，因为工作本身和你的自我认知相匹配。

在写作本书期间，我曾安排和一家跨国科技公司的 CFO 在清水湾会面。清水湾距离我家所在的西棕榈滩只需要短途飞行，通常如果我早上七点离开家去清水湾开会，晚上七点的时候我就已经坐在西棕榈滩的家中吃晚饭了。

就在这天早上，当我坐上去往清水湾的螺旋桨飞机上时，外面开始下起了瓢泼大雨。几分钟后，飞行员就通知我们航班需要延误至极端天气结束。就这样足足等了几个小时，等到终于可以起飞时，我已经错过了时间，因此不得不取消这次会面回了家。

当我和这名 CFO 重新约定了见面时间，发现这天我的同事比尔刚好也要去清水湾。之前我曾将他介绍给这家科技公司，比尔这次去就是跟他们会面的。我跟比尔约定在清水湾碰面，然后他跟我提到，在去这家科技公司之前他还需要去一家全球知名的人力资源服务公司，与他们的高层领导进行会谈。比尔还邀请我与他同去。

之前我还在为大雨毁掉了计划而烦恼，却没有想到正是这次不凑巧为我开辟了新的商业机遇。从某程度上来说，这是非常重要的一次积极巧合，但从另一个角度，这也是我与比尔以及其他人建立了良好关系的自然结果。我们制造巧合靠的是建立人脉、大胆思考和想象、坚信一切皆有可能，并且留心面前发生的事情。

下一章我们将会探讨勇于突破的思维模式，将对个人、部门甚至公司之间的工作关系产生怎样颠覆性的影响。

第十章

创新者如何转变合作关系？

“简单来说，新的关系促使我们双方在竞争环境极为激烈的大背景下提升了各自的市场份额和利润收益，”Omicron 电子制造公司的高层领导这样对我说道。当时我们正就 Omicron 和它的经销商之一 Synergy 技术公司建立新的合作关系一年后反响如何听取报告反馈。为了使双方公司取得今天的关系进展，我之前和两边的领导层都做了大量工作，为的就是这一新型合作关系的形成。如今的结果能够符合双方各自的业务预期我也长舒了一口气。

但是这位高层领导接下来说的话却是我始料未及的：“你知道吗，斯科特？即便我们双方新的合作关系没能带来实际的成果，即便我们的利润丝毫没有提升，我也愿意转变我们双方的关系。因为这让我们的工作舒心多了。现在我们两家公司是同心协力，光冲这一点也值了。其实，我也说不上为什么，但与 Synergy 公司之间的关系转变好像还促进了我们与其他经销商关系的改善！”

听到他的这些话，我开心得几乎要笑了出来。像他们这种公司的领导通常都在被数字驱使（季度收益、股票价格等等），他们沉迷于降低成本，提高收入。但眼前的这个人却适时地转变了思维，这不但会潜移默化地成就他的事业，也将改变他和他的公司与其他人的关系。

一个新的时代

其实，在我与 Omicron 和 Synergy 合作之前，这两家合作了数十年的公司都面临着一系列危机。公司利润都严重吃紧，并且都受到 Omicron 高层的严格控制。Omicron 的产品卖给 Synergy 的价格由 Omicron 来定，Synergy 将商品以什么价格卖给消费者却参照市场标准。Synergy 并不是 Omicron 合作的唯一经销商，但却是区域分公司最大最重要的合作伙伴。

Synergy 的高层曾告诉我，这样的关系使他们感到非常的不公平，压力也很大。每年双方重新协商的时候讨论都异常激烈，但 Omicron 所用的盈利计算模式过于复杂，只会引得双方争执不下。两家公司都为向董事会和股东汇报季度收益压力重重，等我开始与两家合作，我们坐在一起讨论的时候，双方都表示对现状很沮丧。虽然两家互利共生，但谁都不愿做出妥协和让步。

无论是个人还是公司的专业化程度提高，都标志着社会的动态发展和日益精细。一百年前，几乎所有人不管生了什么病都要去找家庭医生，而现在我们身体的每一个系统都能找到专人和特定程序来医治。公司也是一样。这个世界并不存在任何一个环节都能自给自足的公司巨头，每家公司都从事自己擅长的领域，负责生产和交付等环节的一小部分。

专业化程度增强不仅极大地提高了效率，许许多多的消费者也从中获益良多。我们能够享受更加低廉的价格，可选的商品和服务种类也更加宽泛。与此同时，公司为了可持续发展和创新而进行合作就不单单只是一个好的想法，而变成为了生存下去所必须选择的道路。

但是，两个以上的个人或公司进行多方位合作从而促成好的结果并非那么简单。海蒂·加德纳曾在《哈佛商业评论》中论述过多方位合作所面临的挑战："这和生产线合作不同……也不同于双方的项目合作……真正的多方位合作需要汇集双方视野和专家，按照客户或是市场的需求量身打造，这样拿出的方案才不仅仅是双方知识的一个简单加和。"

虽然面临一定的困难，未来的趋势一定是涌现更多此类合作，而非减少。我们可以参考维基百科的创新举措，在这个免费的网络百科全书上任何人都能进行编辑，充分利用了所谓"集体智慧"。维基百科没有全职雇员，日常运营维护靠的全是上百万名热心志愿者。虽然它在学术权威性上可能比不了《大英百科全书》等出版物，但毫无疑问它与我们的生活更加相关，信息量也更丰富。现在，维基百科的英文版每秒钟就被编辑十次，每天都会产生超过800个词条。它是世界上第六大受欢迎的网站，日点击量超过一亿八千六百万次。

维基百科汇集了众人的智慧，但没有哪条内容是个人的私有物，大家的付出也不为收获金钱上的回报，只是喜欢写写有趣的主题，或是对某项事物特别热爱。谷歌也是率先利用集体共享智慧的营利性公司之一。在进行查询结果相关性排序时没有选择让营销专家决定，而是让网页点击率来说话。只要是具有前瞻性的公司都会发现未来此类合作只会是大势所趋。

如果将创意看作是有限的商品，那么基本不可能达成任何有意义的合作。如果你觉得他人的创意和想法会夺走你的独特和光彩，那么你也无法与他人默契配合。如果你认为创新是有限资源，那么在与他人的接触和交流当中，将只会从别人那里汲取什么，而不会主动向他人分享有价值的信息。这样一种思维模式会使得个人关系以及公司合作失衡。

无效的合作关系

商业领域的合作关系多种多样。简单举几个例子，双方关系可以是战略合作伙伴、买方和卖方、供应和零售、制造与经销。但遗憾的是，在很多合作关系中，双方仍将彼此当作竞争对手。

之所以会有这样的倾向，是因为大多数领导者认为商业交易是零和博弈，如果我给你的多了，自己留下的就少了。在短期之内可能的确会是这样，我生产的商品由你去经销，如果我给你的利润过大，那么最后我赚的自然会变少。这样就导致公司在合作过程中尽量压榨对方的利益，同时尽可能减少自己的利益损失。虽然这是股东所期望看到的情况，但却无益于建立长期友好合作关系。

零和博弈的思维模式会产生很多无关于金钱的有害行为。公司之间会为了夺取控制权展开争斗，从而反复纠缠于一些其实并不重要的细节，例如抬头中应该将哪家的公司标志放在上面，或是新闻报道中哪家公司的名字出现在前面等等。当然，双方签署正式协议之前，合同文本里面的各项具体条款也需要争论一番。这一过程会引发许多不必要的愤怒，不仅浪费时间，还可能导致双方合作关系瓦解。

有时双方关系的结束是源于各自需求的改变，合作不再有经济价值。但大多数合作关系的破灭都归结于原本促成双方公司结好的个人之间交恶。意见不同甚至明显的利益冲突都不是问题的症结所在，可以一个一个解决。但个人关系，尤其是公司领导人之间的关系一旦崩溃，两家公司想再进行合作基本上已经没有可能。

阿曼达·内维尔在《福布斯》杂志中总结了商业合作注定失败的五个标志：一是双方领导无法就具体合作项目达成一致；二是任务和责任分配不公；三是合作公司财力悬殊；四是双方领导的争执毫无意义；五是两家公司在标准操作制度上无法达成一致。“如果你在操作制度上无法达成一致，那么一定会产生问题。但即便达成一致，有几个人觉得不够合理，说明你做出过多妥协也会带来麻烦。”

商业合作就像婚姻或是两人相处。虽然导致离婚的原因有很多，但大多数都可以归结为沟通不畅或缺乏信任。重建沟通和信任，就能重建一段健康的关系。

突破性思维模式

我十分清楚 Omicron 和 Synergy 需要做些什么来打破僵局，以一种双方都感到愉悦的方式合作。但我所担心的是没有哪家公司愿意去这么做。正如针对一切关系的咨询，无论是个人之间还是工作当中，当务之急不在于双方不清楚需要做什么。伴侣之间明白他们应该尊重对方并分享相同的喜好，但这并不意味着他们知道应该去怎样实现这些目标。同样，每个人都知道应该通过协商达到双赢的局面，但却很少有人真的去这么做。

从业务层面上来说 Omicron 和 Synergy 之间的问题非常复杂，他们所处的产业更新换代很快，产品利润的空间也很狭窄，但这并非双方无法达成一致的主因，而是业务方面的问题所带来的压力使得双方领导在信任和沟通方面出现危机。因此他们要做的不是如何在蛋糕里分得较大切块，而是研究如何把蛋糕继续做大。这一过程当中双方需要携手努力，一同展望共享的未来，同时重建沟通与信任。

经过周密计划和协商，两家公司的领导层最终同意约在机场旁边的一间会议室见面。随后我便开始通过实施突破思维模式来转变双方的合作关系。突破思维模式基于的双方关系设定与之前两家公司的原有关系完全不同。首先它假设合作的参与方都有着无穷创造力和革新潜能，并且所有公司之间都是相互信任的关系。在这样的情境下，双方的合作关系一定比之前发展的要好。突破思维模式中非常重要的一点就是双方一定要对未来怀有相同的期待。

第一步，首先解决双方关系在过去存在的问题。在过去将近二十年的时间里，两家看似合作实则竞争的关系导致了许多感情包袱，愤怒，自尊心受伤，猜忌怀疑等等。了解完这些问题，我让双方试着暂且将这些情感抛在一边，这样才能更好地完成接下来的任务。

第二步，彼此坦诚各自需要。我明白这在一定程度上会暴露彼此的弱点，因为将自己的软肋暴露给他人，就给了别人伤害我们的方法。但我还是鼓励双方进行挑战。

第三步，我为双方展示新的理想关系应该是什么。混合动力车往往带有两个引擎，一个是传统的汽油驱动，一个是新型的电力驱动。两个引擎在汽车运行过程中相互配合，汽车起步时靠电动马达驱动，而内燃机则等到达到一定车速燃油性能最高时开始工作。这样两个引擎一同工作，利用混合动力为汽车加速，驾驶过程中就能实现最高水平的燃油经济性。

我向会议室里的所有人解释，Omicron 和 Synergy 之间的关系就如混合动力车的两个引擎，偶尔彼此对立，步调不一。但双方的目标应该是成为一个彼此支持的混合团队，大方向上要保持一致。如果他们能学会这样一种相处方式，那么我相信他们一定能朝着自己的理想走得更快更好。

作为一个混合型团队，我们真的可以一起做一些很棒的事情！

崭新的开始

让我欣慰的是双方领导都接受了这一新想法，至少愿意开始尝试。现在他们就等着有人来告诉他们，如何才能实现新型合作关系，勾勒双方美好的未来。随后我带领他们进行了第八章所提到的时光机体验训练。双方都知道了对方的处境以及彼此的需求，现在需要他们一起开始规划未来了。愿景当中需要包含他们对于销售、产品发展、利润以及市场占有率的期望。

接着我们将会制定出团队章程，细化团队任务，每个人所扮演的角色，评价标准，以及指导原则等。我们会一起对目标进行概述，确定关键绩效指标。会议室里在座的每一位都需要全程参与制定。

这个新型混合团队为自己设立的目标是业绩（虽然现在已经是几十亿的级别了）和利润率翻倍。考虑到未来的不确定性，这的确是一个胆大的想法以及具有风险性的计划，但团队成员细化了这些业绩增长将从哪些业务领域而来。

接着我们将会议室里的二十位成员分为四组，每组都有来自双方公司的人。每组成员都需要花时间明确未来自己所负责的领域会发展成什么样，两家公司的关系又会是什么样。此时当我再次环顾四周，两边的领导层都为双方能以这样一种方式共同前进而备受鼓舞。

时光机体验训练的下一步就是要求每组成员制定未来两年为达到理想目标需要采取的措施。新的计划当中，双方公司也都同意在季度收益上面做出一些让步，避免为了短期结果增加压力，而将注意力放在未来的共享成功上。

这天会议结束的时候，奇迹发生了。两家公司的交谈氛围不但更加温馨舒适，甚至不时有笑声传来，双方在发言时开口闭口都是“我们”，这一称谓的变化意味着合作关系建立了。他们成为了真正的混合动力团队，不但为彼此加油，还将朝着一个方向前进。

转换关系的关键

我曾经在许多公司和各类合作关系中进行过上述训练过程，虽然并没有完全相似的公司，和完全相似的合作关系，但仍然有一些诀窍可以帮助以改善与潜在伙伴比如卖方、供应商、经销商、客户等人之间的关系。

评估你的团队

为了更好地与他人合作，你必须首先对公司的优势劣势，能力所及做出真实的评估。评价内容需要包括资源，比如雇佣的员工，设备，合作关系，品牌竞争力，客户群体等。同样，对公司生产、交流能力以及决策过程的准确判断同样不可或缺。

没有这些信息，就无法进行真实有效的计划，也无法判断哪类公司是潜在的合作伙伴。有时聘请外部的专业人士来进行评估能够更加客观有效。

评估潜在合作方

了解潜在合作伙伴不光要看能力，公司的价值观、规章制度以及使命同样需要关注。虽然不一定每项都和你的公司完全契合，但至少大方向上要保持一致。

明确预期

上一章我们也谈到过，幸福感不光取决于事情进展是否顺利，更重要的是取决于事情是否按照我们的预期去发展。这也是为什么在合作关系伊始时，大家对于预期的描述越具体越好，这样才能让双方在最开始就进行修改和订正，才能确保后期不会出现不必要的沮丧和误解。

如果你在现有的合作关系中还没有经历这个环节，最好召集双方开会谈论一下。预期不够明确的话无论对于个人还是合作来说都可能是致命的，越早解决越好。

创造和谐的工作环境

合作不应该成为公司员工的负担。因此要尽可能创造两家员工能够轻松和谐相处的平台。彼此交流应该毫无障碍，双方应该逐渐习惯一起为目标努力。

创造合作伙伴

有时为了合作的确是需要创造甚至“分拆”出一家合作伙伴。特别是你已经建立了稳定的客户群，但却想发展一项现在市场当中没有的新产品或新服务。克莱顿·克里斯坦森在《创新者的窘境》一书中曾说老牌公司往往会在服务主流客户群体和同时发展颠覆性科技中间挣扎。在克里斯坦森看来，决定公司资源分配的是客户而并不是经理，因为他倡导这些进退两难的公司创造出一个独立的组织来服务那些需要颠覆性科技的客户。这些新组织能够实现创新与市场趋向同步。

轮流领导项目

轮流领导项目有时比共同领导更有助于合作关系的发展。因为这种方式不但避免了一家公司全程主导过于强势，也能避免共同领导可能导致的效率低下。

监控重要数据

双方在合作开始时就必须在重要衡量数据上达成一致，这样对合作成功的界定才会更加清晰。想要监控所有重要的关键绩效指标很正常，但同样也需要一个评判混合团队合作进展的明确基准，这样才能掌控长期和短期目标。

尽早面对沮丧和失望

一段关系的发展最怕忽视问题，寄希望于它们自生自灭。当我们的目标设立得较高，偶尔没能达到很正常。但如果一个季度甚至两个季度都没能完成预期，那么一定要正视问题，给每个人分享自己想法和感受的机会。这样能够在矛盾积累之前就得以缓解，并且保证每个人都观点一致。

尽可能保证团队的多样性

团队组成需要来自双方的公司员工，但保证团队成员看法的多样性也十分重要。例如团队成员如果有男有女有外向有内向，那么合作起来一定更加顺利。瑞士信贷银行股份有限公司曾在2012年发表过一篇相关研究，董事会成员中如果有至少一名女性，管理运作会比全是男性的董事会更加出色。

定期跟进

我被最频繁问到的问题之一就是如何能保证这段关系在有了如此大的改善之后不会重蹈覆辙？即便之前的转换关系协调会开得再成功，也不能保证最后不过就是一段美好而又遥远的记忆。我的答案非常简单：定期跟进。在Omicron和Synergy的例子中，我们的解决方式是双方领导层每六个月就举办一次面对面的高层峰会。因为很难避免公司在发展过程中需求会发生变化，定期会面不会让任何一方对合作方的变化毫不知情，并且协议和相关保障服务也能及时做出调整。

如果进展顺利，良好的合作关系能够减少工作当中的压力，促进多巴胺和血清素分泌，使个人和集体创造力得到最大程度的发挥。但最终我们能否培养出革新所需的创造力还是取决于我们如何看待这个世界。我们认为自己不断努力只为分得一块较大的蛋糕？还是这个世界当中存在着无限可能？如果秉持前一种观点，那么我们只会尽可能多的剥削潜在伙伴，尽可能少的回报他们。而如果我们以第二种方式看待世界，我们就会足够包容足够敏锐，为双方都能取得好的成果寻求一致和解决方式。

第十一章

你将如何创造未来?

你将如何创造未来？

想要回答这一看似无从下手的问题，我们可以看看几十年前的公司是如何创造了如今生活中的一切。在苹果、谷歌以及其他科技公司出现之前，最具革新性的企业是贝尔实验室（Bell Labs）。这家坐落在新泽西郊区一座美丽校园里的公司，巅峰时期拥有一万五千名科学家，和我们今天看到的那种小型初创公司并不完全相同。这样一家公司拥有三万多项技术专利，其中一些曾彻底改变了我们世界。公司科学家曾获过八次诺贝尔奖。

贝尔实验室成立于 1925 年（现已被诺基亚收购），最初只是美国电话公司 AT&T 科研和工程部门的一个分支，为了实现整个美国能够通过电话进行互联互通，贝尔实验室进行了激光器、编程 C 语言、UNIX 操作系统、晶体管等一系列创新。C 语言以及其衍生版 C++ 从此成为运用最广泛的编程语言。1947 年 12 月，贝尔实验室进行了首个晶体管测试，“当时足足有四分之一便士那么大，而现在含有二十亿个晶体管的电脑处理芯片也不过一张邮票大小。英特尔芯片的处理速度可达到每秒十亿晶体管，这样的发展有谁能想象到？”

到 1960 年，电话系统覆盖了整个美国大陆。无论多远距离，想打电话就可以直接给对方拨号，而不再需要接线员。但此时的贝尔实验室并没有坐享电话服务行业的垄断，公司领导人开始专注于建设通信网的需求。贝尔实验室预测了未来世界的三个主要需求：更加快捷的通信；信息数字化；大量信息处理能力。他们实现这三个目标的过程当中，为我们当今世界的互联互通打下了坚实的基础。乔·格特尼在《创意工厂》一书中归结了贝尔实验室创新的三步骤：“了解当前困惑、收集解决方法、推进可大规模开发的产品发展。”贝尔实验室在实施这些步骤的过程中充分释放了创造潜能，直到今天我们都在因为这些创新受益。

未来的几十年，我们还会面临许多需要解决的问题。不论是发展可持续能源满足全球日益增长的人口需求，还是政治军事威胁加剧需要保卫世界和平，细究这些问题远非本书可及，但下文列出的另外五项迫在眉睫的挑战，也将在塑造未来中发挥重要作用。想要参与其中的公司必须看清这五大趋势并且审视自身更擅长哪个领域。

互联互通

古时候，人类进步一定是跟思想交流联系在一起，这也是为什么人口密集的地区进步和创新的脚步总是较快。埃及的尼罗河流域、美索不达米亚平原的幼发拉底河和底格里斯河流域，印度的恒河流域以及中国的黄河流域，是古时人口最为稠密的地区，也是文字、数学、科学研究的发源地。就是因为这些地方凝聚了更多人的智慧。

随着时间的推移，人类思想逐渐通过信件、电报、电话、邮件、论坛、短信等方式开始了全世界范围内的交流。科学技术跨越式的发展不仅改变了我们交流的方式，也改变了我们经商的方式。很多公司已经抛弃了原有的办公地点集中分布方式，转而依靠虚拟助理、文件共享云平台以及视频电话会议等方式。

在当前的信息时代，及时连通无论是在个人还是集体间都是暂时无法逆转的趋势。手机用户越多，所要传输的数字信息就越大，对支持技术的要求也就越高。如今，思科公司已经开始研究如何实现全球 IP 流量达到一万亿千兆字节，Verizon 和 AT&T 也在竞争谁能成为第一家手机 5G 网络供应商，届时网络速度与当前 4G 相比能够提升十到一百倍。虽然这一技术预计实现日期是 2020 年，但相信在那之后仍会有传输速度更快内容更多的技术出现。

但正如早前通信领域的创新一样，技术突破将持续颠覆现有的商业运作模式。音乐和视频的流媒体下载导致 CD 和 DVD 市场的消亡，网上购物彻底改变了实体商店的命运。如果视频会议技术进一步完善，那么越来越多的会见将在网上进行，由此便可以省下大量在交通上花费的金钱和时间。还有哪些产业会遭遇变革？

将会有越来越多的人希望能够第一时间享受到各类娱乐消

遗。但其实电影和音乐此类文化产业的相互分享已经使世界变得越来越小。美国和英国的产品已在世界各地广受欢迎，未来这一趋势也可能转向其他国家，因为技术的发展，世界各地的人都在相互分享彼此喜欢的戏剧、惊悚片等。

随着数据传输速度不断提升，什么样的公司才能在这个高度互联的世界上生存？什么样的创新方式能够满足世界的需求？我想因此会有更加大胆的想法，不但使我们联系得更加紧密，还使这种联系得到充分利用

疾病、损伤、变老

在我写作期间，我的母亲去做了髋关节置换。这曾经是一个需要耗费几个小时的大手术，并且术后需要卧床休养数周，而现在，大多数时候髋关节置换不过是一个简单的小手术。甚至手术过程也是由机器人辅助完成，医生做完切口之后便无须再动刀。关节置换材料的改进，治疗技术以及工具的提升增加了手术的成功率，对患者来说也没有那么难熬。随着世界上越来越多的国家老龄问题日益严重，对于这样的创新需求也会逐步提升。

赫塔拉·麦斯可教授在《颠覆性医疗革命》一书中介绍了一

些未来医疗领域的发展趋势。麦斯可教授预测短期之内将会出现大量游戏和手机应用帮助慢性病患者以及康复患者遵循正确的治疗和恢复方法。同时越来越多的医疗信息能够从网上获取，这样病人和主治医师之间就能实现信息量的对等。并且疑难杂症的治疗技术也将逐渐提升。

正如科幻片中经常出现的场景，未来修复术不断改进，甚至可以用到 3D 打印技术，人体功能器官也可以在实验室里通过身体组织培养。麦斯可也赞同了很多人提出的个体化用药增加，因为将来我们能够掌握更多遗传学的秘密。“目前只有 30 例个体基因组可以作为诊断中的应用证据。如果我们沿着这条道路继续走下去，我们将有越来越多的机会在开出药方之前，先为病人进行临床 DNA 测试分析。”机器人辅助手术和生命体征监测仪的改进很可能将会颠覆医学生所学，也将改变治疗方式。

除此之外，麦斯可教授还预测了医疗诊断中人工智能的运用，以及医学培训中虚拟现实的应用。他也相信，未来超小型机器人能够进入人体内部进行治疗和诊断。通过科学技术进一步提高人的身心健康程度将是大势所趋。

医疗改善和寿命延长同样需要发展预防性和提升幸福感的措施。这些都将会对勇于突破的公司提供大量机会为我们生产出之前只存在于想象中的产品和服务。

应对信息过载

新技术为我们提供了海量数据处理，也为我们揭示了曾经看似神秘的现象。我们现在能看到身体内部，深海底部，甚至远及太阳系边缘，我们将传感器放在风车上、石油管道里、鸟类和其他动物身上收集数据。我们的社交网站动态以及数字指纹和其他几十亿人的放在一起，通过数据分析，辨别每个人的行为、消费习惯、投保需求。

这些海量数据已经掀起了商业领域的革新浪潮。一项名为“数据挖掘”的技术已经开始通过梳理大量信息寻找趋势进行预测。目标营销的方式彻底颠覆，如今你只要在电脑上搜索一下“感冒治疗方法”，就立刻会有宣传感冒药的广告跳出。机器对于人类行为的预测只会越来越精确，声音和人脸识别技术也在不断提高。

海量数据在带来机遇的同时也产生了一些问题。这些信息能够帮助我们做更多的事情，但通常也带来更多的认知负担。丹尼尔·J. 莱维丁在《组织思维》一书中曾说：“三十年前，旅行社可以帮助我们进行机票和火车票的预订，导购员可以帮我们在店里找到所需商品，专业打字员和秘书可以帮公务繁忙的老板回复信件，但现在所有这些都需要亲自上手。我们做着十个人的工作，还要维持自己的日常生活，照顾孩子、父母，会见朋友，职场打拼，享受爱好，看自己喜欢的电视节目。”

莱维丁还进一步解释说，短信、文本、邮件以及其他的干扰项使我们很难集中精力解决一些较为困难的问题，如同给大脑喂了“糖果”，刺激了味蕾但毫无营养。每次大脑需要重新集中注意力的时候，都需要花费更多能量。因此，这些容易令人分神的事物实际是在消耗大脑的资源，导致神经学家所说的认知超载。从而造成我们思维混乱、丧失判断、血液当中的压力激素升高。

保罗·亨普曾在《哈佛商业评论》杂志上发表的文章中写道：“当前研究发现大量激增的即时信息，以及他们对专注工作的干扰不仅会影响人的幸福指数，也会对决策、创新、生产力产生消极影响。一个例证就是，人们在处理完邮件之后，需要花二十五分钟，才能将精力重新集中在手头被打断的工作上。”根据信息过载研究小组发现这些被浪费掉的时间每年导致美国生产领域损失接近一万亿美元。

信息过载带来了两项挑战：一是处理大量信息的速度需要提升；二是信息重要程度需要排序。遗憾的是我们接收的信息越多，处理的速度就越慢。有证据显示，不管我们多么努力，一天之内处理信息的总量是固定的。

我们可以寄希望于过滤信息技术更加“智能”，能够让我们自己设定想看什么以及想什么时候获知。另外未来或许我们也可以选择在一些特定时间内只接紧急来电，这样就能更加专注于较为复杂的工作。将来也会有新的软件出现帮助我们整理虚拟社交关系。

消费者和商人都需要解决如何不漏掉关键信息并在快速反应时不会决策失误。他们需要寻找更加快捷的浏览文件获取要点的方式，而不会困于细节。类似于表格设计这样的直观信息展示将来会更受欢迎。

最后，信息安全和个人隐私保护的需求也会增加。人们不光希望保护个人财务信息，还希望在生活和工作中享有私人空间。因此公司也可以考虑一下在这方面进行突破。

高度自动化

自动化已经改变了我们的生活。从ATM自动取款机，语音答录机，到生产汽车电脑的流水线作业，几乎所有产业都因机械精度和人工智能产生了颠覆性的变化。并且我们尚不知道机器自动化的上限在哪里。

很多人认为自动化是把双刃剑。大多数时候我们用它来延展自我能力（比如机器人辅助手术），或是节省点大脑能量处理更加复杂的事情（比如运算功能和电脑辅助设计）。但假如我们过于依赖这些机器导致大脑部分能力丧失又该怎么办？现在连最基本的算数我们都要依靠计算器，手机取代了人脑用于储存电话号码。很多人已经不会用地图辨别方向，因为 GPS 可以自动定位，或是没有倒车影像就无法倒车。

自动化对经济的影响也非常复杂。一方面，自动化毫无疑问使消费者能够享受价格更加低廉的商品，另一方面，一些做着技术含量较低工作的技工可能会面临失业，因为机器成本远比人力要低，工艺也比手工要好。

但两者并不始终冲突。美国自动提款机的数量从 1980 年到 2010 年增长了四倍，但与此同时银行员工的数量也同样增加了。对客户的益处是不言而喻的。在 ATM 发明出来之前，想在凌晨两点钟从银行取钱是不可能的事情。但随着银行业务的扩宽，人力资源的要求也随之增大。

但假如以后当地的快餐店都用自动点餐机呢？老板们肯定非常喜欢这种方式，因为它们从不出错，不用支付医保、加班费和退休金。而客户虽然喜欢点餐机的精确度，但或许更倾向于和真实的人进行交流。暂时，我们还看不出自动化趋势什么时候会停止。

人工智能的发展则意味着不光是技术含量较低的工作面临危险。一些曾经看起来机器无法完成的工作，比如开飞机、驾驶汽车等如今也能由机器人操作完成。但在不远的未来，大部分工作暂时没有被取代的风险。麦肯锡全球研究院 2015 年发表了一篇名为《办公场地自动化的四要素》，里面就提到了短期来看，更多工作会精细化而非被取消。

此篇文章的作者还说很少有职业会实现完全自动化，更多的是“职业过程中的一些行为将被机器取代，从而促使整个行业转变，由人操作的职业将会精细化……更准确地来说，我们的研究表明45%需要雇人来操作的活动都可以被现有的技术所取代。”

报道还称，即便是一些高技术含量的工种，比如医生、主管等，工作当中的操作都能实现自动化。但监管和最终决策还是需要由人来做。另外，高度自动化毫无疑问也将改善办公环境，对一些员工来说也将更加安全。许多制造行业的情况已经这样改进了。

科技拥护者蒂姆·奥莱利以推广“开放资源”（Open source）这一术语闻名，他认为自动化的趋势也在改变工作本身，影响员工分配时间的方式，现在较为复杂的软件系统已经能够完成值班经理的工作。在《兼职世界里的员工》一文中，奥莱利解释道，之前为了满足人手需求不均采取的方式是“保证一定数量的全职员工满足基本需求”，同时储备大量兼职员工以满足高峰时期的用人需要。但随着相关规章制度的出台，全职员工的各项福利金额不断增加，为了节约成本，许多公司现在聘请的统统为兼职员工。奥莱利进一步解释说：“当前的人力调配办公软件，要求公司人员池中的备选数量超出平日需求，以满足高峰时期。随后软件将工作进行划分，这样便不再需要有人进行全职工作。”

当前需要讨论的是，这些用软件进行分工的人是否应该被当作雇员或是独立的合同工。在这一点上，奥莱特认为可以向后经济时代型公司优步、来福等学习，聘用独立的合同工。这类打车应用将轮值管理软件的数据与所有合同工共享，这样他们就可以根据自己目标收入的需求自我选择工作的时长。

此外，随着机器在入门级工作中应用越来越广泛，我们当前面临的另外一个挑战就是培训新员工具备日后职场所需素质。因为入门级的工作不仅仅是为了完成某项特定任务，更是需要通过这些任务使新员工学会，如何跟随工作计划，遵守规章制度，了解公司架构等等。因此对于全职雇员来说，未来需要培训更多技术和经验都较为欠缺的新员工。

不管自动化推广到何种程度，人类之间相互交流的需求不可或缺。不管机器效率多高，我们总会厌倦对着这些没有生命的物体说话。自动化程度越高，人类之间的交流就越可贵。一些行业将会充分利用人类交流的稀缺性，那些能够提供此类客户体验的公司一定会发展的越来越好。

满足神奇新世界的需求

越来越紧密的互联互通，将产品投放市场的新方式，以及为了简化工作繁复迅猛发展的科技都使得世界各地对创新的需求达到了前所未有的高度。然而 Adobe 公司 2012 年进行了一项调查却显示，许多公司在创意的需求和产出方面的鸿沟越来越大。五千个来自美、英、德、法、日的调查对象当中有 80% 认为激发创意是经济增长的关键，但只有 25% 认为自己的创造潜能已经得到充分发挥。

我们需要的不光是创新产品和服务促进的科技进步，更需要构思如何将这些创意产出销往世界各地满足需求。未来员工不仅需要数字科技敏锐性，更需要不断突破思维来跟上时代的脚步。然而新一代的年轻人在贡献创意方面却基本秉持事不关己的态度。他们会变换各种花样建设自己的社交账户，但在工作当中却很难见到同等的创造活力。

公司需要考虑如何激发年轻员工的活力，对待手头的工作百分之百投入和付出。因此领导应该使员工感受到工作的意义和重要性。培训新员工的时候不光要帮助他们按时完成所分配的工作，更需要在工作中为他们提供前进的动力。

技术的进步同样使人类有了学得更快、表现更好、延缓衰老的需求。随着我们对大脑的不断了解，未来或许通过神经科学和纳米技术我们就能跳过鼠标和键盘操作，直接与电脑和人工智能进行交流。如此一来，电脑达人和技术小白之间的差距将会越来越大，随之催生对全球进行相关的教育普及。

最后，聪明的人能够感觉到，过去的上千年里无上的权利并没使人变得更好或更聪明。科技的进步也带来了越来越多的道德困境。如果没有呼吸机和辅助心跳机器这类维持生命技术的进步，也不会有预先指示的制度出现。第七章我们曾提到玛蒂·罗斯布莱特曾出版过一本名为《虚拟人》的书，“高瞻远瞩地探讨了尚未被研制出的虚拟人应该被赋予的权利”。未来科技引发的道德问题将会更多，需要更加勇敢无畏的大脑思考解决。

突破性思维是上千年来世界变革的动力，它同样也将推动未来社会的发展。我们还将持续见证过去的想象如何在不远的将来变为了现实。塑造世界靠的不是那些只会预测未来的人，更要靠那些能够预见问题并加以解决的人。

第十二章

如何获得认同感?

我非常喜欢的一部电影叫作《时空恋旅人》，英国演员多姆纳尔·格里森在这部浪漫轻喜剧中扮演男主人公蒂姆。蒂姆拥有穿越时空的超能力（虽然由于某些条件限制无法改变重大事件），但作为一个内心柔软又招人喜爱的男生，蒂姆却在求爱的过程中，运用这种能力，将某些瞬间一遍遍重复，直到进展顺利。失策几次之后，蒂姆终于抱得美人归。

蒂姆还运用自己的天赋帮助了几位家人纠错，并在父亲弥留之际花上更多的时间与他相处。在穿越时空的旅途当中，蒂姆发现这项超能力最好运用在把每天都过两遍上面，即便第二次中他并不想做出什么改变。第二遍体验总是更令人享受，因为蒂姆不必再想着需要做什么，以及无法控制的最终结局会是什么。

影片最后，蒂姆明白其实每天只能过一次，第二遍体验不过是再回味一下自己已经做出的决定。电影以一种幽默而轻松的方式告诉我们，珍惜当下才是幸福生活的真谛。

大脑发展不光是为了工作或者智力上的追求。所有为激发大脑潜能所做出的努力，终极目的都是为了成为最好的自己，过上更幸福的生活。毕竟，如果不能与他人和谐相处或是享受现在的生活，再有创造力和影响力又有什么意义呢？如果无法达到内心的平和和满足，再多的财富和名利也终究是一场空。

许多思想家都在探究我们是谁和我们在做什么之间所存在的冲突。我们能否从职业当中获得身份认同？创造结果能够在多大程度上定义创造者？我们每个人都会在工作了一天之后感到创造精力耗尽，只有在受到鼓舞和激励的情况下才会再度恢复。这就意味着大脑需要将血清素和多巴胺维持在较高水平，同时尽量减少皮质素等压力激素的含量。从精神层面上来说，这就要求我们明白对我们真正重要的是什么。

突破性思维不光属于那些具有野心和进取心的人，它还属于那些能够平衡脑内化学物质的人；那些能够平衡身为和所为的人；那些能够平衡当下和未来所需的人。

本书所介绍的各类理论方法，不仅仅是为了释放个人的潜能，更重要的是帮助大家为了自己和身边的人活得更加深刻，更加勇敢，未来的神奇新世界也会因为有我们这样的付出而充满希望。

抛弃旧观念

大脑会通过自身构造储存能量，通常的方式是将行为变成习惯。这样运作的好处是，我们不会在一些常规行为上耗费过多的精力。但同样会使我们受制于曾有必要但现已无用的固有行为方式。

惯常行为使我们感到舒适，却也会导致我们在潜意识里遵从已经过时的商业模式。客观审视自己的习惯和想法是否受旧有模式所限的确需要花上更多的精力，但这却是创新成功的关键。

大脑还有本能拒绝风险的倾向，因为他们最基本的目标是要保证我们安全存活。而成功通常不会使我们更加勇敢无畏，反而惮于冒险。一旦我们取得成就会首先考虑如何保护成果而不是实现新的目标。

我们需要花费更多的精力防止自己成为成功的囚徒。四轮马车、鲸鱼油灯、拨号上网都是红极一时的事物，一旦它们的时代终结，紧抱着不放也不会使其长久。

勇于抛弃过时的想法和行为方式是一个循序渐进的过程 ，通常容易忽视。所以我们需要定期审视自己是否无意之间过于自满或者停留在舒适区太久，以及如何才能每天都保持好奇、开放以及热爱学习的习惯。

世界变化得很快，并且变化的速度还会在未来不断增长。要知道无论是个人还是公司都不可能在五年、十年、二十年之内一成不变。塔纳托斯的来临并不可怕，他不过是要带走那些已经过时的想法、产品、服务、商业模式、生产和交付方式，不要抗拒它，哪怕带走的是你最珍视的东西，因为只有放手让旧有的逝去，才能迎接新生。

不要畏惧冒险

一切大胆和新想法都源于冒险，但并非所有风险都程度等同。遗憾的是，很多人判断风险靠的都是感情反应而非理智判断。冒险之后的结果如何并不取决于风险是否让人感到恐惧。富士胶卷在面临业绩锐减和随之而来的收购时肯定非常恐慌，但却存活下来并收获了重生，然而柯达却自此销声匿迹。博德斯冒险新开店面所遭遇的心理压力可能没那么大，毕竟他们之前也用此类策略成功地渡过了难关，然而后续证明，这种做法不过是在自掘坟墓。

我们自小的教育就是要规避风险，毕竟很多风险足以致命。这些风险通常都是大脑尚未成熟以及前额皮质没有发育好的产物，但成年之后也并不代表我们就不会有些犯傻冒险的举动。正如过马路前不先看看双向是否有来驶车辆没有任何好处，有些商业冒险失败纯属粗心、冲动，以及没有研究前充分检验造成的。成功冒险通常经过周密策划和计算，或是在机会闪现的一瞬间立即抓住并充分利用。

一定要考虑在特定情况下无所作为所带来的结果。有时这是正确的决定，但在另一些情况下这也剥夺了你自己成长的机会。最后，太多犹豫比做错决定还要可怕。能够塑造未来的想法和公司并非对错误免疫，而是愿意坚定地向前并及时修正道路。

突破性想法可以是针对各个方面的改进。从产品服务，到生产、商业模式、营销概念、客户体验等各种创新都可以。制胜想法可能是瞬间冒出，也可能是逐渐积累。完全实施可能需要耗费数周甚至花上几年。

如果从不冒险也就不可能获得成功，但你可以评估风险，减少风险，利用风险。制订计划时记得考虑错误和修正成本，然后就迈出坚定的步伐去执行吧！

呵护身体、灵魂和人际关系

如果大脑栖息在一个过着健康生活的身体里，它一定能更好地运转，做出更大胆的决定。保证脑内化学物质平衡很大程度上需要靠合理饮食，保持身体活力，吸收新鲜的空气和阳光，保证充足的睡眠。在睡前花些时间思考令你感到庆幸的事情能够提高休息质量，对大脑和身体都有好处。

有效管理你的四种能量：身体、心理、情感、精神，尽量保持生活平衡。精神能量与创造力的关系可能比你想象的还要密切。只要是人类都会有优势和劣势，阴暗面和光明面。在释放创造潜能的过程中，要试着净化自己的动机。出于爱、热情、慷慨而进行的创新一定比出于害怕自利原因进行的创新走得更远。

我们同样需要将自己的灵魂从恐惧之中解脱出来。对于失败、拒绝和未来的恐慌会打破创新所需的化学物质平衡。我们必须时时审视自己的行为背后是否隐藏着自私自大的动机。在别人没有给予你应得的肯定时你是否会怨恨？如果是你的竞争对手提出了一项创新想法你是否会产生抗拒？假如你对这两个问题的回答都是肯定的，那么也许你就需要调整自己的动机了。当我们为了更远大的目标奉献时，远比仅仅满足自我要更加富有激情和能量。

工作和人际关系的平衡也十分重要。工作其实和其他活动一样有可能会过量。如果你习惯因为工作忽视身体和人际关系，那么你将像被摘离花茎的鲜花很快就会枯萎。关系失衡会影响到你生活的方方面面，包括创造力的发展。远离那些不值得交往的人，把时间和精力更多地花在你爱的人身上。即便再内向的人，生活中真正需要的也是健康充满爱的关系。

关爱你的大脑

大脑和你身体内的其他器官一样，需要营养、锻炼以及休息。当出现思绪飘忽，精力难以集中，以及记忆力衰退的现象就说明你需要好好关爱自己的大脑了。

我们的思维、想象、注意力和喜好最终决定了我们是谁。它们塑造了我们看问题的角度。我们能够完全掌控自己的思维和注意力集中的方向，但也需要定期锻炼，使得掌控更加高效。就像跑步和其他体育锻炼一样，控制注意力需要练习。

冥想是锻炼大脑的一种绝佳方式。无论是控制注意力的禅宗，开放觉察的正念，还是超越自我的超觉静坐，寻找一种冥想法来帮助你实现目标，这将会使你更加专注，减少焦虑，获得平和与幸福。不管你的目标是什么，冥想法都是关爱大脑，保持年轻的简单有效方式。创造力不是我们所做的事，而是我们得到的东西。它是无限的，没有拘束的。它不取决于冒出多少点子，更侧重激发多少内在的潜能。创造力受潜意识的影响和有意识的想法一样大。因此要学会滋养自己的思维，这样它才能产出你想要的结果。

建立创新势头

创意如同火焰，既可以生长蔓延也可以溅射熄灭。正如第四章成功螺旋部分讲到的，保护创新势头和保护想法一样重要。这并不意味着需要不惜一切代价避免失败，而是需要正确处理创新过程中的失败。尽快处理失败才能尽早继续向前，这远比花过多时间考虑某个想法或决定要明智。

不采取行动，建立势头也就无从谈起。因此一定至少要将“一次创造”中的部分想法转化为“二次创造”投放市场。许多极有天赋的人就是花太多时间思考可能性才没有及时实施想法。即便是一次相对较小的成功也会带给你无价的经验，并帮助你下一次更高效地规划。

建立势头还需要你将想法、金钱以及现有的资源进行再创新过程中的投资。从心理层面来说，这是在为日后创造积极的参考点。从实践层面来说，再投资使你不至于在此次创新中投入所有，而是为将来尚未预见到的创新攒下一部分资金和时间。

激励大脑成长

随着年龄的增加，我们的大脑会面临运作缓慢甚至萎缩的情况，但这不是必经的过程。我们可以通过每天采取行动来保持大脑健康，帮助其建立新的神经连接。如今你自身的知识、理解、创造、智力水平并非一成不变。大脑在肉体死亡之前会一直生长和改进。

刺激大脑的方式多种多样。我们可以通过广泛涉猎各类话题的相关文献，也可以多花些时间与博学多识的朋友交往。刺激大脑的方式也未必要和工作相关，学习一门新的语言、乐器，以及新的技能都将有利于大脑的发展。

要及时辨认并解决那些不好的习惯，并且尽量减少面对令人分心的事物。除了利用手机应用软件或是备忘录帮助你记录想法规划任务，许多人也发展出一些培养专注力的习惯帮助大脑定期清空杂念。最好每天也留出特定时间思考、记录、回想一天的收获。

进行颠覆

无论是接受一句调侃，参观讽刺艺术展览，还是在赌城欣赏一场魔术，尽量花些时间参与一些颠覆常规想法的活动。保持好奇心并沉浸在好奇之中。探索，研究。在这一过程中，正视所面临的限制，将他们当作指导创新的路标，而非实现目标的阻碍。

可以试试第七章提到过的共同研讨法和案例研究法，来颠覆旧有的思维模式。如果你勇于尝试，还可以选择即兴表演、绘画、雕塑、音乐等艺术课程。这些活动也许并非与工作和目标直接相关，将他们看作激活大脑的方式，帮助你来重塑现实。

达到最佳表现

想要达到最佳表现可以采取几项措施，比如在重大事件或是演讲前，可以考虑一下卡内曼提出的两个系统原理。不管是职业高尔夫球手还是公司CEO，系统二比系统一更易带来最佳表现。正如运动员会将某一动作练上一遍又一遍直到习惯成自然，我们也可以利用真实演练和脑中想象的方法提前准备。

当你在练习和学习的过程中，保证大脑处在“学习区域”，这样大脑才能在面对挑战的时候保持兴奋而不会被吓到。如果你感到自己无所畏惧，可以尝试一下浸润法，将所有容易的选项排除在外，迫使自己掌握新的技能。想象法中勾勒的画面和现实需要切合实际，如果畅想不知如何才能实现的未来，也基本上没有可能将它变为现实。而具体细微的想象则往往可以成真。

驶向未来

许多人会想象自己五年或十年后身处何方，你也可以暂时想象自己停留在未来里会做些什么。即便不进行第八章谈到的时光机体验法全过程，也可以试着结合实际想象一下不远的将来，随后回溯一下从现在迈向想象中的未来应该采取哪些措施。

虽然在每天的混乱和压力中很容易忘掉关于未来的期待，但是一定要经常性地回想未来的画面以及身处其中的情感。太多人被一些无关紧要的琐碎小事浪费掉了一天又一天，整个人生就在这样的窘困当中度过了几十年。

重新考虑工作关系

变革不只源于个人创意，有时也来自集体智慧。你是否将工作关系最大化的利用？是否以正确的态度进行了合作？以共享未来的方式审视工作中的合作关系，以促进双方繁荣发展的眼光来一同向前。

最后，一点关于幸福的思考

与具有超能力的蒂姆不同，我们没有第二遍或是第三遍重复某一天的能力。但我们仍然可以充满活力，专注地过好每一天。享受当下，为自己、他人，以及社会创造一个更好的世界。